Небојша Лазић

ОПРАШТАЊЕ

ПРОСВЕТА
2014.

Праштам свима, молим све да ми опросте.

Је ли тако у реду?

Немојте ме много оговарати.

Чезаре Павезе, 27. августа 1950.

Талог времена није могао избрисати потмули, влажни мирис великог хола београдске железничке станице; за ово старо здање и његове уморне и зловољне службенике време је стало. На једној клупи спокојно су лежала двојица бескућника.

Кроз широм отворена врата главног хола гледао сам поливаче како млазевима испиру наталожену прљавштину града. Иза њих је остајао умивени асфалт, а блиставе трамвајске шине су се уздизале ка врху Немањине улице налик пару змија које су малочас свукле кошуљице.

Све је остало исто. И моји случајни сапутници подсећали су на стару замрзнуту слику од пре петнаестак година. Непокретан призор с равнодушним, дремљивим лицима кварила је жучна расправа пара у дну ходника. Жена четрдесетих година, још увек лепа, изобличила је лик у покушају да сиктавим гласом објасни нешто свом пијаном супругу. У чекаоници је било нас седам-осам ноћних путника повезаних заједничком надом да ћемо дочекати воз до Ниша. Да свако крене путем ка југу. У таму ноћи.

Пре много година чекао сам неки други воз, онај за Венецију, и кренуо с ове исте станице, гладан, уморан али одлучан, да бих ноћас открио како се она, као у неком стању хибернације, очувала у апсолутно истом обличју каквом га памти моја младост. Изгледало је да се ни шалтерски радници нису изменили, само су постали мало погуренији, а њихов је говор задобио још прецизнији тон режања изгладнелих паса.

Туробни глас из невидљивих звучника обавештавао је да ће путнички воз Београд–Ниш каснити у поласку деведесет минута. Ово као да је дотукло моје сапутнике: снуждише се још више не трудећи се чак ни да протестују. Онај пар одмах прекину своју бесмислену свађу. Неколико минута ништа се није могло чути у полутамној просторији с дрвеним клупама; изгледало је да смо сви изненада потонули у безгласну тмину глуве коморе.

Вест о кашњењу ваљда сам само ја мирно поднео, пошто су ми мисли биле пренете у време за које сам мислио да је заувек умрло. Али, оно је вешто испливало иза наноса година и ја сам, у скоро савршеној тишини чекаонице другог разреда, почео да лепим комадиће развејаних крхотина прошлости.

Овај сам пут, иначе, одлагао с упорношћу каквом се осуђеник на смрт опире да дочека своју зору нестанка. Као и он, делио сам преостале тренутке времена на још ситније делиће, а њих потом напола, у узалудном покушају да избегнем оно што се мора десити.

И, ево ме, са зебњом добро прекривеном увежбаном равнодушношћу, с непријатним осећањем да се ништа није изменило, да су ме најзад прошли дани шчепали за врат. У тим тренуцима личио сам себи на лошег глумца кога су сурово гурнули на сцену, без знања текста, без костима, нагог у наивности незнања.

Док ме је жуљала клупа, готово да сам био убеђен како мој давни одлазак није био бежање од оног места, од простора града и његових улица. Не. Време ме је отерало. Оно је почело неумитно да цури између прстију које сам стезао у песнице, у бесном а узалудном покушају да сачувам недирнутим дух прве младости. Отишао сам у двадесетој, а нит која је тада пресечена није се могла тек тако наставити у другој домовини, мада ме је она пригрлила као да је знала колико ми је топлине потребно. Иако сам још осећао снажно врело физичких и духовних моћи у телу, однекуд ми се почело јављати сазнање да се с тог врха може кренути само још у једном смеру: наниже.

И кренуо сам се враћати нагло у своје место, као да сам поново бежао, но овога пута у супротном смеру. Нисам понео ништа осим новца и докумената; нисам желео да се пакујем јер сам био свестан да не бих завршио, већ би кофери остали празни као толико пута до тада. Могао сам чак замислити себе поред отворених кофера како зурим у ноћ док отиче време до поласка воза. Воз... Ни сада не умем да објасним, нити себи ни другима, зашто сам морао путовати баш возом када бих авионом прелетео сва она места која нису моја и зауставио се у Београду, на неколико сати од мог дома. Изгледа да су возови исувише дуго клопарали мојим детињством и младошћу да бих их се тако лако могао ослободити.

У Италију сам пошао са̂м, без пријатеља и новца, и нисам се покајао; у њој човек не може, чак и да то жели, бити странац. Заволео сам одмах те дивне људе, чинило се да сам у својој земљи, осим што се моји другови сада зову Алесандро, Лука, Марио, Чезаре и говоре неким мекшим језиком, као да им се речи провлаче кроз осмех, као да певају. Мада се и њима, као и мојим старим другарима, често дешавало да најдном побесне, али и да се нагло смире.

„Ragazzi, ragazzi! Calmatevi!" Дотрчали би други и ми смо настављали да играмо најлепшу игру на овом несрећном свету, ону која се најбоље игра и највише воли на том полуострву окруженом модрим морима. Calcio, catenaccio. Биле су то речи које сам међу првима научио и оне су ми одзвањале у свести као музика које се не можете ослободити.

Када сам стигао, схватио сам колико сам слаб, колико су ме омекшале навике земље из које сам побегао. Зато сам након тренинга одлазио сам до Арна и трчао за себе, посматрајући вирове предивне зелене реке. Ускоро су ми мишићи постали чврсти и могао сам истим темпом играти до краја утакмице. Тренер и саиграчи ми нису ништа говорили, али сам могао осетити да су ме коначно прихватили. Искористио сам ту једну једину шансу коју у животу може добити дечак из барака рударског насеља на брежуљку. Давао сам голове и сви су почели да ме воле, а да нисам, ко зна?

Пошто сам престао да играм, сви су ме наговарали да наставим тврдећи да сам у најбољим годинама. Они нису могли знати да одлуку нисам донео ја, већ моје тело, моје ноге измучене дугогодишњим јурцањем за лоптом. Одлучио сам да одем када су од мене очекивали највише, још много голова и радости за публику.

А ја... умах схватих да је готово. Она ватра која је запаљена на старом школском игралишту у нашем градићу поред реке поче нагло да бледи; нисам желео да се до краја угаси. Причали су о новцу, великим свотама новца, као да сам ја почео да шутирам лопту и кидишем на гол због новца. Имао сам га више него што је то могао пожелети било који дечак из неког сиротињског предграђа, фавела од картона и лима или наших барака на брежуљку. Не, ја сам само мислио на то да после тренинга или утакмице легнем на мирисну зелену траву и одмарам потрошене мишиће. Високо горе промицали су папрјасти облаци, некад спорије, некад брже.

У возу сам врло стрпљиво одговарао на питања зачуђеног кондуктера који никако није схватао зашто сам прешао из експресног воза, за који сам имао карту, у овај ноћни, пун дремљивих радника, бучних ђака и студената. Наравно, нисам му могао рећи како ми је годинама, негде у полусну када не можемо задржати постојаним слике сећања, толико пута долазио у свест овај жагор, журба и полумрак купеа другог разреда. Док је он по ко зна који пут појашњавао суштину забуне, отворио сам прозор и удахнуо свежину расквашене земље и магле које су допирале с Мораве.

У купеу су се смењивали мушкарци и жене у изношеној одећи из које је допирао мирис гнојива, млека и паприка. Нудио сам их цигаретама и запиткивао о роду и летини, о ономе о чему су ти вредни људи једино и волели да говоре. Узимали су цигарете и, повукавши снажно дим, почињали дуги монолог о својој вечитој борби са сушом, кишом и градом. Пажљиво сам упијао те отегнуте гласове, звуке далеког детињства и младости. Није их збуњивало моје одело, помало већ изгужвано, гледали су ме право у очи и питали ко сам и одакле сам. Жене су ме погледале испод ока и нешто се подгуркивале. И поред грубих руку, невешто начињених фризура и размазане шминке, њихова тела су била наливена снагом коју су црпла од свакодневног тешког рада на земљи. Њих нисам нудио цигаретама, оне су ионако вечито страховале од изненадних ћушки својих мужева или браће.

Воз је готово милео кроз успавана села утонула у мрак, једино су се у градовима видела светла улица; заустављао се у сваком месту, макар оно имало само неколико кућа. Људи су одлазили, улазили, спавали, једино сам ја с подједнаком упорношћу сачекивао и испраћао те уморне душе. Када ми је нестало мојих, почео сам да пушим јефтине опоре цигарете сапутника какве сам некада кришом извлачио из очевих џепова.

Попут детета, нисам се могао скрасити: одлазио сам у ходник, пио ракију с војницима на одсуству, играо карте са железничарима и ослушкивао различите преливе у изговору свог језика. Опијен од превише дувана и ракије, само сам успевао да се смешим и, борећи се против сна, лутам по возу. Ма како то могло изгледати чудно, уживао сам у том труцкању и лупању точкова за које сте могли помислити да ће већ у следећој кривини склизнути с пруге и кренути неким својим смером; пријала ми је та врева непознатих а блиских људи, људи од оне све рјеђе врсте која голим рукама зарађује за хлеб. Као да је једино још за њих важила старозаветна клетва када смо истерани из раја и осуђени на труд и муку.

Сурови рад на њиховим лицима јесте урезао своје печате, али та изоштрена лица нису била ни близу очаја који тако лако савлада оне што по читав дан читају или говоре. Весеље, помогнуто жестоком ракијом, ширило се полумрачним, заталасаним вагонима, читавом композицијом, а мени је изгледало да се део те грубе али искрене раздраганости прелива и на низове кућа уснулих села и градова крај којих смо лагано промицали.

Сан ме је у неко доба ноћи савладао а пробудила хладноћа зоре када је негде иза ближњег брда почело да свиће. Појурио сам у ходник и отворио прозор, о чему сам толико пута маштао јер сам мислио како то више нећу моћи поновити. Очи и ноздрве ми се испунише нестварним кра̂јоликом, оним који постоји само на једном месту на свету, месту рођења човека, пределу који су очи прво угледале, с ваздухом који се први удахне.

Морава се снено ваљала, зеленомрка, и на том месту мирна и дубока. Испаравала је као да хладноћу наталожену током ведре ноћи жели што пре да исија из себе и препусти се топлом јунском сунцу. Траг јутарње магле лебдео је тачно над змијастим коритом оивиченим врбацима. Посматрао сам ову слику док ме је нешто силовито стезало у грлу таквом снагом да скоро нисам могао дисати. Тек у том тренутку постао сам уистину свестан да сам се вратио натраг, онде одакле сам побегао пре толико година.

Сунце се пело и откривало плодна поља кукуруза, баште и воћњаке у подножју умивених брда и брежуљака. У трену, ваздух изгуби оштрину и поста благ као млеко. Путници су спавали. И боље је тако, јер нисам могао знати шта би све неко љубопитљиво око могло прочитати на лицу човека који дочекује зору у свом завичају.

Воз се поново заустави и започе уобичајена јутарња врева, чаролија се изгуби у суровој свакодневици тих људи, али је у оном делу моје свести где чувамо слике које се не заборављају остао похрањен блистави траг сећања.

У купеу је сада било толико светлости да је човеку преостало једино да се храбро суочи са стварношћу, зато сам узео књигу. И тек тада промоли се глава лепе младе девојке на седишту наспрам мене. Она је током ноћи била прекрила лице јакном како јој не би сметали млазеви светлости који су се, попут нередовних блескова муња, пробијали кроз прозор купеа. Иако сам био нагнут над књигом, могао сам наслутити њен заинтересовани поглед. Склопио сам корице и отворено погледао у њу; као што сам претпоставио, није скренула поглед, само се иронично насмешила и казала:

„Читате интересантну књигу."

„Да, и ја мислим", одвратио сам мирно.

„Ја знам све о тој књизи", враголасто је додала наглашавајући реч „све". „Студирам енглески језик и књижевност", додала је као да тиме жели да нагласи значај свог суда.

„Ја сам је читао небројено пута и, морам признати, знам тек понешто о њој." Нагласио сам „понешто" прихватајући њену игру.

Девојка је имала онај младалачки тип лица с малим носем и устима тако да се њена доб могла протезати од петнаест па све до двадесет две-три године. Зато сам се и колебао коју улогу да преузмем: заштитничку, псеудоочинску или, пак, ону још добро држећег, светског човека коме нису стране новотарије младих. Сметено сам се колебао између њих, истовремено играјући обе заједно, што је испадало час комично, час тужно. На срећу, девојка још није била толико искусна да то запази. Реч по реч, разговор је текао неусиљено и ја сам прилично вешто одбацио почетну несигурност прихватајући флерт, мада не сасвим.

„Могу ли добити књигу начас?", упита ме девојка која је носила помало заборављено традиционално име Дуња. Одјек тог имена још је дуго остајао у уху, слично мирису крупних жутих плодова, пажљиво положених на ормаре и креденце с јесени, што читаву годину испуњава собе. Ова је девојка била попут најлепшег зрелог плода овог воћа: крупна, обла, затегнуте коже, као да је та чврста кожа била опна постављена да задржи на окупу неку снагу тела што се пропињала и журила да престигне невелики број њених година.

Ни сам не знајући због чега, оклевао сам, а онда, извињавајући се, пружио сам јој књигу. Узрок том мом оклевању беше једна безазлена посвета која је стајала испод наслова. Објасних јој да сам књигу добио за четрнаести рођендан од најбољег пријатеља из детињства који је „трагично завршио живот". Употребио сам ту пригодну фразу како не бих морао до краја да говорим о страшном догађају који је прекинуо безбрижне дане наше младости. Рекох да је књига дуго стајала неотворена, а да сам је тек скоро почео читати. Упита ме зачуђено:

„Зашто је нисте прочитали одмах?"

Питање је било директно јер је девојка била тако млада и још није робовала оним конвенцијама којима се касније сви мање-више предају. Почех да трљам очи, што сам увек радио када је требало да себи прибавим још мало времена за размишљање. Али ова девојка је одрастала у свету сасвим другачијем од онога у коме сам се кретао последњих година; код ње то није успевало. Наставила је упорно.

„Али, зашто? Како неко може да се тако опходи према поклону, да га једноставно баци у страну? Зар тиме не вређамо најдубља осећања онога који поклања и показујемо колико нам мало значи, јер нам и његов дар не значи ништа? Можда бисте још тада сазнали нешто више о ономе ко вам је поклонио књигу. Јер, поклон је увек порука, књига је порука још и више, пошто њу можемо и буквално да прочитамо. "Све је то изговорила у једном даху. Осећао сам како се полако знојим дуж кичме и благо руменим.

На крају изрекох нешто што је изненади, нешто што је својом разоружавајућом искреношћу натера да се замисли и полако климне главом.

„У то време нисам волео да читам књиге", рекох сасвим смирено, гласом особе која казује непорециву истину, што је моја реченица и била. Разговор међу нама ту замре, али ме је од тог тренутка млада девојка гледала озбиљније, као да више није било ироније у малим борицама које су уоквиривале њене очи док ме је стално нешто запиткивала. Тек кад је схватила да се испод равнодушне спољашности налази неко ко можда трајно носи са собом и бреме несреће, њен глас доби неку грлену боју, а очи јој се затамнише копреном разумевања и симпатије. Постаде одједном сетна, учини ми се први пут да пред собом немам више дете него жену која је донела одлуку и смишља како да је оствари. Устала је да дохвати нешто из торбе изнад главе, а ја сам спокојно посматрао оно што је природа можда ускратила некој другој а њој тако штедро поклонила. Она је, чини се, дуже него што је требало претурала по својој торби, издижући се на прсте и извињавајући се јер ми је окренула леђа.

„Ништа зато" – рекао сам – „да ли могу да помогнем?"

„Не верујем", одврати окрећући само главу, „сувише се кратко познајемо да бих вас пустила у свој интимни свет."

То је било прилично двосмислено, или је неодређена жеља која је почела да се буди у мени суфлирала такву поруку. Ствари су почеле исувише брзо да иду у одређеном смеру, те се ја одмах пребацих у улогу брижног оца што се помало тешко али устрајно носи с проблемима ћеркиног бурног телесног и душевног развоја. Зато почех да говорим о својој жени у Италији; слушала је, мада је изгледало да моје речи у ствари не допиру до ње.

„Ево, видите, ви бисте се страшно свидели мојој жени, тако млади и паметни... да... сигурно."

„Не интересује ме ваша жена", одврати хладно и ја се по други пут у току овог сусрета осетих као дечак ухваћен на делу. Нагло, као што је и започела, Дуња прекиде разговор; мени је остало да тражим празан простор у купеу где ме неће сусрести њене блиставе очи које су попут врелих звезда у леденој ноћи красиле њен озбиљан лик. Израз тог лица попримио је озбиљност некога ко је дубоко у себи решио дилему.

Разговор, очигледно, није имало смисла настављати и ја сам се такође окренуо прозору трудећи се да призовем у сећање пределе иза стакла. Зачудило ме је колико сам успевао у томе, као да се околина поред пруге није нимало изменила: исти ред коцкастих кућа сакривених у крошњама бујног дрвећа.

Испред Сталаћа, присетих се, налази се једини тунел на прузи. И, стварно, већ смо улазили у прохладну тмину, као да се добровољно спуштамо у масовну гробницу издубљену у брду. У купеу завлада мрак јер су инсталације биле у квару. Зурио сам у црнило пред собом чекајући трагове светлости који ће нас уверити да смо поново изронили на светло дана. Док сам седео мирно у свом куту, изненада, без икакве најаве, осетих прво чист, јасан мирис младости, а онда нежне, мирисаве руке како ми држе главу чврсто док пуне и дрхтаве усне утискују дуг, страстан пољубац. У искреном изненађењу нисам се бранио, нисам желео да се одбраним, него сам одговорио на неочекивани дар. Пољубац је трајао прилично кратко, заправо онолико колико је композицији било потребно да се лењо провуче кроз вијугави отвор, али сам знао да ће успомена на њега потрајати колико и моја свест на Земљи.

Као што је пришла, Дуња се нагло одвоји од мене, дрхтавим гласићем, као да јој грло гори неким врелом телесном ватром, шапну нешто бестидно и нестаде из мога живота. Када смо успешно испловили из тог подземља, нимало се не изненадих када сам открио празно седиште наспрам себе. Нисам желео да јурим ходницима воза и дозивам младу нимфу која се појавила и нестала; наша се љубавна прича десила и трајала колико је то било могуће.

Ушао сам у тоалет непосредно пре него што ће воз ући у станицу, с прљавог огледала зурио је у мене рашчупани, необријани странац закрвављених очију у изгужваном тегет оделу. Оделу које је коштало колико и месечна зарада ових људи овде. У нашим се возовима гомилала необична прљавштина, била је то мешавина прашине и уља непознатог порекла, који су заједно остављали упорне, вечите мрље. Још једна успомена из младости која ми је промакла а која се осветила мом скупом оделу. И боље је тако, то одело је било једино што ме је делило од људи с којима сам путовао читаву ноћ.

Лице зарасло у браду и зуби пожутели од лошег алкохола и још горих цигарета допринеше коначном утиску, нисам се скоро уопште разликовао од својих намучених сапутника. Можда и даље могу бити један од њих? Можда се мој повратак одвија онако како сам прижељкивао: једноставни разговори једноставних људи! Више од тога ми заиста није било потребно.

На површини прашњавог огледала полако се формирао лик сањивог човека на прелазу из тридесетих у четрдесете; кроз његове оштре црте се помаљало нешто младићко. Изгледало је да се маска окорелог човека, шибаног ветровима живота, топи и открива једну могућност младалаштва која је негде залутала.

Док смо се приближавали мом коначном одредишту, кондуктер је, по старом обичају из првих дана свог службовања, прегласно извикивао имена познатих места, а потом продорним звиждањем давао знак за полазак. Мене је све јаче стезало у грлу и све је мање ваздуха улазило у плућа; истовремено, у стомаку осетих грч који се није могао развезати наредних неколико дана.

Нека стрепња или нешто налик њој обузимала ме је све више са сваким пређеним километром јер је дом, мој град, био све ближи. Пребирао сам по глави све оно што морам прво учинити кад стигнем. Подразумевало се да морам отићи на гроб родитеља, то тужно место, пред широку испрану мермерну плочу на коју су налепљене овалне керамичке плочице с њиховим ликовима. Ко зна да ли Камбер редовно чисти око хумки и доноси цвеће, као што сам му поручивао преко Секе док сам јој слао новац за њега?

Новац је добијао редовно, али је можда мислио да сам исувише далеко да би морао да одлази свакодневно на гробље. Сећам се да је раније често понављао: „Цигани, куме, иду тамо само кад морају."

Није прошао ниједан дан у последњих петнаестак година а да не помислим како сам био нељудски неправедан према онима који су ме створили. Кад су ми јавили за њихове скоро повезане смрти, гушио сам се у сувом плачу схватајући да се ту више ништа не може учинити: нисам био добар син. Нисам могао отићи на сахране, због војске, узалуд сам слао новац док су они чекали само да ме виде још једном. Мене, не паре с којима више нису знали шта би.

Тек скоро, припремајући се за повратак, признао сам себи колики је био понор мог себичлука, пљунуо сам с гађењем на свој одраз у огледалу. Док се пљувачка споро цедила низ стакло, зачух Кјару иза себе како згађено гунђа – „Slavi, selvaggi! Terribile!"

Нисмо имали деце. Онда кад сам то желео, ње није било поред мене, снимања су сеређала, ишла је из града у град, из државе у државу. Касније смо се прећутно сложили како смо се исувише навикли на самоћу да бисмо дозволили да нам је наруши нека плачљива беба. И ово је било себично, такође, али ја сам већ тада изгубио сваку нит са својом домовином и њеним обичајима. За Италијане, ма колико ме добро прихватили, још увек сам био uno straniero. Тако сам и остао да висим између та два света док је понор стрпљиво зјапио пода мном.

Одаје мог живота су биле неповратно закључане, а кључ бачен и изгубљен.

Омамљен отежалим ваздухом непроветрене хотелске собе, пао сам покошен у тежак сан. У ковитлацу су се мешали призори Тоскане и Мораве; људи које сам тек јуче упознао сада су ми изгледали удаљенији него икада, стајали су наспрам лица познаника које сам оставио пре толико година и за које ми се чинило да их никако нисам ни напуштао. Ова прва била су зрела, док су ова друга изгледала тако млада; ухватио сам сан у превари и обливен знојем скочио из кревета. Прошло је доста времена док нисам схватио где се уистину налазим, покушавајући да доведем у ред оно што је кошмар пореметио. По навици, пружио сам руку ка паклици цигарета и већ након неколико димова био сам расањен.

Седео сам на рубу прозора, пушио и гледао ноћ пред собом и пламсање бројних ватри на брдима. Умах ми паде на ум да је ово нека врста добродошлице, да је неко негде предосетио мој повратак и сада ми шаље поруке с брежуљака. То је била пријатна али детињаста замисао. Такве се ствари никада не дешавају, па ипак, негде се та мисао шћућурила и остала као нешто веома светло и пријатно.

Зурио сам кроз прозор у жмиркаву светиљку испред хотела *Србија,* дубоко увлачећи дим као да из цигарете добијам неопходан оброк. Хотел се није готово нимало изменио, успешно му је био мењан само назив: испод новог, назирала су се тамнија места од скинутих слова претходног имена *Европа*. Памтим га још из тог времена, док су се широка бела слова поносно шепурила на прочељу, а увече сијала млечнобелом неонском светлошћу.

Доле, на улици, пролазиле су бучне групе младића подврискујући и гласно се смејући у ноћи; они као да нису знали како да потроше надошлу снагу; бесциљно су лутали улицама уснулог града. Девојке су одавно отишле на спавање, а они су, с флашама под мишком, базали напред-назад налик тигровима заточеним у кавезу сопственог града.

Одвезивао сам кравату дивећи се вештини двојице вижљастих Рома, који су увежбаним покретима померали дугачко и дебело црево из цистерне с водом и спирали наталожену прашину дана који се угасио. Могла је бити поноћ, не знам. Пошто сам олабавио чвор око врата, опет се десио прекид у сећању, поново ме је нека непозната сила повукла назад и бацила обученог, у ципелама, попреко по широком кревету у црнило снова.

Умор који се таложио претходних дана, можда и свих протеклих година, оковао је читаво моје биће непокретним миром налик обамрлости мртваца. То спавање, или стање које се најприближније могло описати тим појмом, трајало је, изгледа, прилично кратко а беше пресецано честим блесковима визија из далеке и скоре прошлости. Мрак и тама нису дуго трајали. Њихову премоћ су прекидали снови, јасни и јарки у тој мери да их је утрнула свест сагледавала као непобитне, једине истине живота. Нису се могли назвати ноћним морама чије је трајање, у ствари, било прилично кратко; више су били крици утамничене душе која је последњом снагом настојала да провали из окова.

Да је неко могао видети непомично, попреко опружено тело обученог мушкарца на широком кревету хотела *Србија*, помислио би да га је неки фатални удар изненадио и пресекао његов још млади живот. Али не, испод изгужваног одела и кошуље одјекивали су снажни и одмерени удари срчаног мишића, који је упорно пумпао крв кроз систем крвних судова у све скровите делове обамрлог тела. Сан је донео мир трупу, рукама, ногама, али не и свести: она је испод те привидне непокретности пулсирала снагом која се тешко могла наслутити. Потонуо сам у лавиринт снова, а они су ме својим жилавим нитима бесповратно преметнули у време за које се чинило да лежи дубоко закопано у пригодну раку.

Углови собе број 26 почели су да се свијају око имагинарне осе која напола дели геометријски простор унутрашњости. Цветови на тапетама, избледели од дугогодишњег дима и прашине, почеше да напуштају малтер бокорећи се у букете изнова процвалог црвеног, плавог и жутог ливадског цвећа. Доскора постројени у колоне што су монотоно ишле у висину од прашњавог итисона до буђаве таванице, цветови одједном букнуше новом снагом у унутрашњем погледу онога на кревету.

И не само боја, већ му и ноздрве освојише тешки, опојни мириси налик онима што се шире у оријенталној башти препуној разноврсног биља и скривених белих жена. Таваница се издиже увис попримајући облик куполе неке витке катедрале, а дно собе поче да се урушава и тоне у једну тачку, која можда јесте а можда и није била центар тог од реалног света издвојеног паралелограма. Материја је јурила ка тој тачки, а ова ју је равнодушно прихватала и гутала, при том се ништа није могло видети ни чути. Све то пропадање одвијало се у миру, као да онога што је нестајало никада у ствари није ни било. Нешто се ипак одвајало из тог бесконачног тоњења, нека невидљива испарења кренуше навише ка прозрачној сфери на којој је већ блештао небески одраз звезданог неба или читаве васељене. И ма колико слика неба изгледала као да је прекорачила људске представе о висини и пространости, ипак је изгледало да две витке руке обухватају небо и држе га топло, као што мајка дете придржава.

И оно што је некада била само скромна соба провинцијског хотела, соба у којој су хиљаде људи тражиле себи починак и мир, постала је визија непознатог уметника чији је ум био заробљен у сликама које види само он. У царству те посувраћене геометрије лежао је човек и нешто сневао.

Не знајући, уронио сам у мутне дане прошлости као у претећи вир, у ону тачку где ковитлац запенушале воде гради спиралу од које се ономе ко жуди да пронађе центар заврти у уму, па он, побеђен том разузданом стихијом, одвраћа поглед у страну и тражи бочни излаз.

Дан се изморен летњом жегом споро предавао намрешканој завеси сутона. Сенке врба, топола и шипражја изнад реке до краја су се издужиле, као да ће у тамнозеленој води пољубити сопствени одраз. Иза мене, из зеленила врбака премрежених густом травом, дивљом купином и густишима коприва, могао се више наслутити него осетити прохлад предвечерја.

Погледао сам улево: сви дечаци су уз прскање и вриску јурили дозивајући Мику да их причека и превезе скелом. Овај је, по обичају, нешто гунђао уњкавим гласом, проклињући дечурлију и њене прохтеве. Сави се да премота витло. Тек онда се испод замашћене перлонске кошуље указа грба између плећки скелара као какав опомињући знак. Поред тога, био је и слабоуман, или се таквим желео представити; но, свеједно, у читавом крају није било бољег скелеције. Возио је и по високој води надошле Мораве која је носила гране и смеће.

Неколико стотина метара узводно градио се мост, његов је лук готово премостио реку и свакога се дана могао видети рој радника како својим рукама сједињује гвожђе и бетон у витку конструкцију. Фигура моста у настајању формирала се над водом која никада не налази мир; чинило се да је њена сенка призвана вишом силом и наднесена над ток Мораве спајајући њене ниске али удаљене обале.

Мика, стално у покрету на својој дотрајалој скели, одједном би застао као да се нечег важног досетио и управио мрачан поглед испод кудравих међа ка чуду које се рађало пред њим. Његов слаби разум ипак је разабирао да ће тај лук бетона ускоро обесмислити занат скелеције, да ће он морати да ради нешто друго негде где ће сигурно викати на њега, док је на скели гунђао само он, као да је капетан неког прекоокеанског брода.

У том погледу измешали су се мржња према ономе што увиђа, али и дивљење за оно што је било недоступно његовој моћи разумевања; некад је преовладавало једно, некад друго, али је временом контура моста постајала остарелом скелеџији већи терет од грбе коју је носио шездесет две године. На крају се привикну на тог супарника који се не може победити, чак му се јави спокојна идеја да је то још једна измишљотина у чију се природу и смисао не може допрети; људи ће се, пре или касније, вратити скели. Мика би отпљунуо у воду, савио стас и, с клетвом у срцу, чекао дан када ће се то непожељно здање само од себе сурвати на дно и нестати у дубинама његове воде; па ништа га није придржавало у ваздуху!

Све ми је то пролазило кроз главу док сам потпуно сам стајао на врби чија се једна грана, више од осталих, приближила опасном виру. Био сам прибран, у толикој мери да сам могао размишљати о немој скелеџијиној несрећи, о змији белоушки коју сам тренутак раније угледао у густишу и о много чему другом што и не запажамо у пролазу.

Дечаци су ускочили, прскајући песак и воду на корито скеле, и одмах поседали на ограду не обазирући се на упорно Микино зановетање и проклињање. Нешто су викали, но ти гласови као да су се лепили за воду, као да их је она гутала и повлачила у своје валовито тело тако да су ти узвици допирали до мене као један подругљиви хор чија нас песма мало дотиче.

Крајем ока спазио сам да су се пресамитили преко нејаке ограде и, поцрнели и посути лепљивим песком који се пресијавао на последњим зрацима сунца, покушавали да ускладе речи неке песме којом би ми се наругали. Нисам обраћао пажњу на њих; све сам их могао тући једном руком, чак и оне неколико година старије, мој је мир био јачи од вечитог немира воде која отиче.

„Скачи!", могао сам их чути као један отегнути глас издвојен из мноштва; чинило се да тај глас пролази кроз дугачки рог и долази до мог слуха изобличен скоро до непрепознатљивости.

И даље сам стајао на мокрој грани гледајући доле у мрачно око вира; био сам загледан у своје страхове и немоћ. Ни сам нисам могао знати колико бих стајао тамо да ме није опколила и прекрила летња ноћ. Онда сам поражен и посрамљен кренуо кући ка баракама на брежуљку изнад осветљеног града.

Ветрић је благо повијао трске, чуо сам њихово смерно шуштање док сам прелазио преко насипа остављајући мочвару за собом. Прашњави пут је водио кроз тршчак као кроз неки тајни пролаз до скривених одаја реке. Тешке, уљасте воде мочваре криле су у себи мноштво бучних жаба, јата шарених птица и плаховите водене змије које се нису дале видети. Поглед из наших барака, одозго с брежуљка, простирао се редом: преко зажареног градића, уског слоја кукурузишта и пожњевене пшенице и, коначно, преко врхова витких још зелених стабљика трске. Недалеко од њих налазио се насип – циљ свих наших лутања – јер је испод њега била песковита плажа, одмах изнад брзака.

Обуо сам сандале, узео парче хлеба намазаног паштетом и излетео напоље где ме је дочекала врела јара која је већ у десет изјутра лебдела изнад прегрејаног асфалта.

„Уроше, `еј пожури, заузеће нам место под врбом!" Урош, мој друг, био је помало спор па сам га стално пожуривао, а можда ми је то прешло у навику из фудбала пошто ми је изгледало да превише гњави с лоптом док сам ја у шанси. Није он био лош, уопште није био лош, тај момак, само је био мало успорен. Ја сам, напротив, стално био у покрету, што се видело по мојој вечито подераној одећи и безбројним модрицама те крастама сасушене крви које сам с уживањем љуштио. Урош се грозио тога и окретао главу.

„Како можеш, ево поново ти испод тога цури крв. Ниси ти баш скроз тачан", добацивао је одлазећи.

„Урке, врати се, ево готово је, идемо на игралиште."

Звизнуо сам још једном, овога пута продорније, а као одговор зачу се гунђање мог друга.

„Ево идем. Тише, пробудићеш маму, синоћ поново није могла спавати због ове спарине. Радила је до касно."

„Тета Зорка још спава?", упитао сам незаинтересовано откидајући зубима велики комад намазаног хлеба.

Корачали смо ћутећи; ја и Урош смо све разговоре већ водили и знали смо све оно што једно младо људско створење може знати о оном другом. Барем је мени онда тако изгледало. Сишли смо с нашег брежуљка низ улицу насуту шљаком између монтажних барака. Иако су нам табани били отврдли јер смо читаво лето ходали без обуће, назубљени комади шљаке ипак су се непријатно засецали у њих и бојили их у тамносиво. У односу на ову непријатну подлогу, асфалт испод пруге који је водио право на трг, мада врео скоро до усијања, пријао је нашим изгребаним стопалима. Но, сигурно је да смо највише волели прашњави вијугави пут ка реци који је нежно прихватао рањаве табане својим дебелим слојем фине, растресите прашине што се вијорила иза нас као одбачени дан. Прашина је допуштала стопалима, док су њени мали гејзири штрцали кроз ножне прсте навише, да се дубоко урежу у њу као у какав дебели тепих.

Од тог летњег босоногог детињства на мојим је стопалима, као уосталом и на стопалима мојих другара, отврднуо један слој коже и, попут удобних патика, штитио осетљивије делове меса. Понекад бисмо, са чуђењем и веселим задиркивањем, откривали у тим својим новим ципелама ко зна кад забоден комад стакла или трн. Понеки међу нама имали су тако велика задебљања да смо их зачикивали како имају копита коња; ни они ни ми остали на јесен нисмо могли носити чарапе јер су одмах пуцале.

„Пера Кобац нам је синоћ причао да су овде видели змију дугачку око петнаест метара."

Урош ме погледа не баш заинтересовано и рече да у нашој земљи нема тако дугачких змија.

„А нема их ни и у прашумама Африке или Јужне Америке", додао је гласом некога ко зна о чему говори.

Можда је и био у праву, он је био међу најбољим ђацима у целој школи, али Кобац нас дотад никад није лагао. То и рекох. Из неког непознатог разлога Уроша обли руменило. Тако је било увек када бих противречио нечему у шта је он био сигуран. Изгубила би се његова урођена веселост и љупкост и он је постајао замишљен и сетан, као да мора да усредсреди мисли на неки догађај који се давно десио.

Сунце је страшно пржило, само је негде из тамних дубина честара допирао поветарац доносећи мало свежине. Дах нам се прекидао сваки пут када бисмо удахнули ту густу врелину, магму зажареног ваздуха која као да је стизала из дубина пакла. Ходали смо успорени тим зидом јаре што се изнова појављивала испред нас. Она нас је чекала и измицала се, гасећи се тек изнад тока реке; вода је некако успевала да мало расхлади ваздух што је непрестано пламтео од нашег брежуљка па све до плаже.

Желећи што пре да сперем скореле наслаге прашине кроз коју су се неколико пута пробили млазеви зноја, у трку сам скинуо мајицу и кратке панталоне, бацио их под хлад врбе и скочио у већ млаку воду. Вриштао сам од задовољства и непрекидно ронио као да у скровитим дубинама лежи спас од тлачења сунца. Био сам, наравно, го, као што смо се увек купали, ми деца из барака с брежуљка. Сви су нас у граду познавали по мршавим, вретенастим телима прегорелим од излагања суровом лету и по жилавим босим удовима.

„Уроше, `ајде, скидај се, вода је дииивнааaа!"

Он се једини од нас придржавао неког реда, па је тако и пред купање полако скидао одећу и слагао је део по део. Гаћице је увек задржавао иако је знао да ће га други дечаци због њих дуго задиркивати и покушавати да му их скину и баце у коприве.

Улазио је у воду док ми је сунце сијало директно у очи па сам видео само његову силуету како ми се полако приближавала. И паде ми на памет, први пут за свих година нашег дружења, да га загледам. Његово тело није било попут нашег, мршаво и жилаво, црно и кошчато, већ некако меко и обло. Није био дебео, али је испод светле и нежне коже био подгојен, док се код нас осталих могло пребројати свако ребро. Ми смо стално били у покрету, у вечитом трагању за нечим што нема ни своје име ни сврху. Нешто нас је вукло напред, напред. Урош је био мирнији, више је волео да седи и посматра наша лудирања него да нам се придружи.

Попут чигре коју је неко снажно навио, јурцали смо и скакали, пливали, верали се на дрвеће у власти непознате силе која нам није давала мира. Деца из самог града, с трга и околине, била су другачија, њихови покрети спорији а несташлуци безопасни. Урош је био више налик њима, иако су они с презиром окретали главе од свих нас, па и од њега.

Боја воде се мењала од обале према средини: у сенци и у затамњеним тишацима била је црнозелена, а на брзацима се искрила и добијала беличасте тонове; на другој се обали чинила мутнијом него што је у ствари била.

То лето почело је рано, са свежим јутрима која су брзо прелазила у сува и врела поподнева. Постепено, та сувоћа ваздуха и упорно исијавање сунчеве ватре сушило је нашу реку и она је, без киша које би јој допуниле крвоток, постајала речица, на многим местима скоро поток, па су је сељаци лако прелазили подврнувши ногавице. У горњем току, према руднику где су радили наши очеви, низао се ред воденица које су непрекидно замахивале својим дрвеним витлима у дубоку, зелену воду. Виђали смо сељаке, нарочито након жетве, како довозе жито на воловским или коњским колима и предају их млинарима. Нешто би поверљиво саопштавали једни другима а онда, ненадано, лупили дланом о длан, што је означавало погодбу.

Млинари су били углавном старији људи и, чинило се, помало се бојали реке иако су читав живот проводили поред ње. Или је нама то тако изгледало пошто нисмо излазили из воде. Истина је, то сам схватио много касније када више није било воденичара а ни њихових воденица, да су имали превише посла и да су једва стизали да самељу жито из долине.

„Хајдемо у колибу, уморио сам се", позвао сам Уроша.

„Идемо", кратко је одговорио и кратким али вештим замасима поче да плива ка плажи. Оно што смо називали плажом била је заобљена песковита увала дугачка највише десетак метара, али је нама била сасвим по мери. У дну, према околним врбацима у чијој дубини се губио поглед, очистили смо мали комад земље и од околних брестова направили костур колибице коју смо покрили и испреплели младим изданцима врба. На кров смо набацали траву, која се беше одавно сасушила, а ономе ко је лежао испод тог привременог крова у ноздрвама су се мешали пријатни мириси пољског цвећа и смрадна испарења корова. Живот и иначе долази тако, у нескладном пару чије се супротстављене крајности боре за превласт. Но, ко би још онда марио за то, живели смо у рају!

Та колиба и још нека места, тих лета, биле су тачке око којих су се кретали животи нас деце из барака с брежуљка. Линије наших дневних активности могле су се понекад променити, али су их те тачке, на крају, изнова спајале у само један цртеж. Њихов значај и улога били су уско повезани с нашим интересовањима, с начином живота који се касније негде изгубио, али је, искрено сам веровао, остао заробљен у свести свакога од дечака с брежуљка као света тајна детињства.

Испружили бисмо се на песку и предали неумољивим зрацима који су пржили директно одозго из зенита на наша мокра тела. Сунце нам више није могло ништа: ја сам обично изгорео два пута а испод старе, појавила би се нова, тамнија и јача кожа. Зато сам с миром и са захвалношћу скитница или чергара којима добри Бог удељује њихов део земаљског блага примао ту бесплатну топлоту.

Најпријатнији тренутак у том свакодневном ритуалу наступао је по изласку из воде, у којој је почињало да бива хладно, када бисмо се опружали на белом моравском песку који се одмах лепио за кожу. Уколико се неколико пута превaљаш по њему, читаво тело добије беличасто одело од најфинијих зрнаца. Она с пожудом упијају капи, а теби дарују топлину која те нагони у дремеж коме не можеш одолети. Умотани у фолије песка, знали смо читаве сате да проведемо непомични на плажи. Али, као што то често бива, вредност тих чистих задовољстава открићемо много година касније, кад их већ одавно не будемо имали и када се из реалног преместе у флуидни свет сећања.

Тих дана нисмо постојали свешћу: гледали смо и мислили потамнелим телима препуштеним сунцу; с мистичним поверењем предавали смо се свакодневним пратиоцима – врелом ваздуху и свежој води. Наша мршава тела су ипак расла, пропињала се навише, иако се чинило да су оброци које смо добијали у баракама премали за нашу хроничну глад и празнину у желуцима. С подсмехом смо гледали бледуњаве дечаке с трга како с муком гутају мале залогаје које су им брижне мајке гурале у уста. И поред тог кљукања, нису узимали храну; навикли на честе оброке, заборавили су били како изгледа глад.

Толико сам био гладан тих година да ми се чинило да бих сам самцит могао пождерати богат првомајски ручак. Једном то умало и нисам учинио, али ме је у томе спречио старији брат који је набасао у кухињу, но пола прасета се већ топило у мени доносећи ми неописиву сласт.

„Животињо, пукнућеш, па ћу морати да те водим у хитну!", урлао је отац гађајући ме брижљиво оглоданим костима првомајске печенице, док сам замицао преко прага. Упркос томе што сам био можда за петину тежи него обично, стреловито сам шмугнуо између барака према граду. „Нећеш ме ухватити", мислио сам. „Нешто је и остало, шта хоћете, учитељ је казао да смо сада у развоју и да нам је потребно више хране." Нисам учинио ништа лоше, закључио сам жалећи за сочним баклавама које су пливале у шербету, а до којих нисам успео стићи. Сва наредна слављa код нас протицала су у повишеној будности родитеља према шпајзу, шпорету и мени.

Само онај ко је дане проводио у води и поред ње зна како она испије организам и производе животињски апетит; после подне, негде око четири, све нас је, као по команди, подизало страшно осећање глади и тада смо черупали засаде лубеница, диња или парадајза, на шта бисмо прво наишли. Зреле, сочне лубенице нарочито су нам пријале, али су имале и једну озбиљну ману: нису утољавале глад, па смо бесни почињали да се глупирамо, да их разбијамо и гаћамо се њима. Неколико пута смо добијали добре батине од сељака, али нас то није опаметило, првом приликом чинили смо исто.

Колико пута сам тамо, у Италији, затварао очи и видео јасно, можда због широког бездана времена и простора, још и много јасније него када су се догађаји из мог детињства дешавали, те слике с потпуним интензитетом и колоритом. Ширио сам ноздрве и удисао прочишћенију и мириснију арому детињства и прве младости, дане када нам се чинило да смо бесмртни. За дане који ће доћи наша млада тела још нису била развила чула, она чула која издајнички инсталира страх у мозак људи па они пола својих јадних живота проведу у бојазни од смрти. Не у живљењу, него у дугом умирању. Сваки покрет, случајна реч, моја или реч друге деце с брежуљка, јављала ми се појачана, с новом снагом, с додатним значајем и скривеним смислом. Били смо бесмртни а да то нисмо могли знати.

Једнолични дани лета протицали су тако споро да је изгледало како време стоји, да ће лето трајати дуже од оног циклуса који му је наметнула природа. Ми смо ипак знали, неким невидљивим знацима упозорени – прерано пожутелим листом врбе или бљутавим воденим укусом презрелих лубеница – да оно узмиче и гаси се. Зато смо се окупљали после вечере и лутали улицама док се светла града не погасе и сви не предају сну. Сви, осим нас. Нисмо желели да те спарне ноћи, као неке остатке врелине дана, улудо потрошимо у несвести сна и неуморно, али све спорије, патролирали смо градом попут војника на мртвој стражи. Ми, чувари уснулог града, растезали смо своје животе и налазили неку сласт у изнуривању себе све до новог рађања сунца.

Прелазили смо километре крећући се с једног краја града на други, од трга све горе до гробља, од кланице до напуштених рударских јама. Окован полутамом, град је био лепши, као да се у завојитим уличицама будио неки заспали дух прошлости и тумарао укорак с нама, подигавши на ноге све оне који су некада живели у њему на још једну, последњу шетњу. Могао се чути њихов шапат у шуштању жалосних врба и дудова над клупама на тргу или назрети једва чујан бат њихових обазривих корака у извесном заостатку иза наших. Звуци усталих сени су нас дражили, подизали косу на глави и спуштали језу низ кичму, чинили да се осврћемо у нади да нећемо угледати хорде мртвих душа како се у поворци крећу за нама.

Напокон смо, уморних ногу и добро изгладнели, тражили неку клупу да прикупимо снагу за долазеће јутро и нови дан. Један од нас одлазио је до пекаре чика Рођe и враћао се с врућом векном хлеба чији је крај успут био начео. Бацали смо се на храну као чопор вукова у зимској ноћи и она је нестајала за трен, а ми смо задовољни лежали гледајући последње тренутке звездане ноћи.

Изгледало је да ноћ ужива у непрекинутој тишини коју чак ни ми нисмо желели да нарушимо, као да смо били свесни јединствене привилегије да можемо седети мирно и посматрати лагано отицање ноћи. Када дуго проводиш будан толике часове ноћи, схватиш да она није једноставно супротност дану, нити нека мртва зона без страсти. Ноћ има свој ритам, умногоме успорен, али зато поседује моћ коју дан не може имати: изоштрава наша чула, вида и слуха највише, тако да се лакше уочавају оне тајне што их светлост дана лукаво прикрива блештавом прозирношћу.

Ноћ је падала подједнако на све а у том тихом падању таме ми смо се осећали безбрижно, замишљајући да неки заједнички родитељ пажљиво дели љубав својој деци у једнакој мери.

Негде у један после поноћи стизао је теретњак из Београда, дуго клепетање његових мрачних, претећих вагона натоварених нечим тешким за неколико минута поништавало је мир нашег скупа. А пре него што се могао видети снажни млаз светла локомотиве, што је попут ножа засецао ткиво мрака и бацао испред себе трубу жуте светлости, осетили бисмо подрхтавање дрвених летви прикованих на ливена постоља клупа на којима смо лежали. Дрво, још увек с мирисом тамног лака у себи, вибрирало је као да преноси сигнале неког потмулог земљотреса дубоко испод нас. Шине су звониле и цијукале као да су њихова витка челична леђа предосетила долазак гвоздене грдосије. То удаљено цвиљење нису могли чути они чији слух није био извежбан бројним пробдевеним ноћима крај пруге; њима су измицали суптилни сигнали који су одавали долазак воза у станицу. Наша је станица била мала па се већина возова на њој није ни заустављала. Њихове продорне сирене су нам поручивале: идем даље, ви ми нисте битни! Те уљезе смо пратили погледом, као да је реч о странцу који пројури кроз мирне животе пристојног света.

Али ми, деца с брежуљка, ми који смо скоро све ноћи преседели на станици, знали смо много пре него што се метални нос локомотиве појави у даљини да ли је воз путнички или теретни, је ли композиција дуга или кратка. На то знање, уосталом сасвим небитно за остали свет, у оно доба били смо веома поносни.

Обично смо долазили на пероне око једанаест, пола дванаест, у време када би се врелина ваздуха тек почела предавати прохладној тмини ноћи. Звуци града у даљини полако су замирали и, одједном, сасвим нестајали. Жућкастобела аура уздизала се високо изнад зграда чинећи да он, окупан у електричном осветљењу, изгледа много већи него што је стварно био. Тај драгоцени моменат, када се из једног стања налик на зујање пчела у кошници прелазило у мир напуштених шумских путева, никада, ни поред сталног настојања, нисам успео да региструјем. Просто, далеки хук града се повлачио пред наносима тишине и све би заћутало као да другачији поредак осим тог у којему влада вечити мир никада није ни постојао. И ми бисмо заћутали, изгубивши снагу за досетке и смех, отворених очију загледани у себе.

Те мисли, све и када би се могле похватати и расплести из клупка дечјих снова и жеља, на веселе и тужне, важне и неважне, не би имале значај за било кога другог, осим за нас, групу дечака из барака на брежуљку изнад града. Та сањарења чврсто су повезана с местима којима смо ми подарили круну тајанства, која смо ми сталним маштањем уздигли изнад свакодневних, сивих места живота обичне деце. Наша дружина често је мењала састав, али сам ја онда заиста веровао да само својим присуством сва та бесциљна лутања и маштања могу некако да увежем у један непоновљив живот – само ако баш све што нам се деси, или што бисмо желели да нам се деси, гледам и упамтим.

Данас, након толико лутања, толико звезданих ноћи изгубљених у спавању, готово да сам сигуран да је Урошу због нечега било нелагодно на тим седељкама. Када се присетим, он се није искрено смејао нашим шалама које су често биле неукусне, углавном би заћутао пре нас и седео наизглед мирно до првих јутарњих часова када би сви одлазили да се ушуњају у кревете.

Можда је то време потрошено улудо, али сам сада потпуно сигуран да је оно на најбољи могући начин протраћено. Једино тако оно се могло сачувати за касније када би ненадано, без повода и очитог узрока, испливало с још дубљим значењем и симболиком него када су се догађаји одиграли. Показивало се, бар код мене, да опна изнад копрене заборава, коју је бездушни ход времена превукао преко нашег сећања, није тако чврста; прошлост ме је често вукла за рукав.

Ноћ је купала непроветрену просторију чекаонице и упијала устајали рески мирис мокраће из углова а сијалица окачена о огољени кабл жмиркала као да ће сваког часа престати да светли. То се и дешавало када би опао напон и кад би жаруља постепено трнула, откривајући усијану нит, да би на крају и она згасла, а ми потонули у крајњу таму. Већ смо ћутали, и у том ћутању нас је затекао изненадни блесак сијалице којој је поново дотекао неопходан оброк којим се хранила њена глад за обасјавањем света.

Вештачка светлост која нас је изнова отргла од таме откривала је мирна и наизглед смерна лица дечака из барака на брежуљку. Да је неко могао посматрати тај призор са стране, угледао би малу чекаоницу у којој су биле распоређене три дрвене клупе на које су поседали или се по њима извалили дечаци којима су титраји лампе што се палила и гасила даровали свечани изглед некога ко је у поседу тајног знања.

Само онај ко није ниједном провео летњу ноћ под небом не зна како се хитро летња студен, попут зрна сумње, увлачи у мишиће тела све до костију и изазива језу која нас чини будним и видовитим у тами. Иако премлади да бисмо то лепо срочили, били смо бескрајно захвални непознатим људима који су над нама раширили кишобран мале станице.

У моменту када се назире румен на истоку, било је најсвежије и сви би, као по некој нечујној заповести, задрхтали од летње студени и згледали се док би неко добацио „Свеже је!"

„Свеже", одговарали смо у хору.

Лето није баш најхигијенскије годишње доба. Понекад се изнад бачених стрвина или неке друге нечистоће окупљао рој великих црнозелених, бучних мува зунзара. Њихов скуп се издалека чинио попут добро организоване флоте способне за извршење најневероватнијих акробација. Покретљива структура тих мрских јата омогућавала им је да се крећу у свим смеровима као да слушају нечујну команду свог команданта. Једна мува одвојила се од матице и устремила на моја мокра леђа и врат, уједала ме немилосрдно не обазирући се на покушаје да је отерам.

„Уроше, отерај ово чудовиште с мене!", викнуо сам.

Он је спремно прискочио и, заиста, нападница се убрзо изгубила у поподневној јари. Дечаци почеше да се смејуље и намигују.

„Шта? Шта је сада!", довикнух.

„Ништа, ништа, имаш и свог пажа видим", рече један са злим очима који никоме није био симпатичан али су га се, како то често бива међу дечацима, сви клонили и попуштали му. То је само хранило његову урођену злобу и давало му мотив за нова и нова подбадања и пакости.

„Ма, `ајде", казах. Док сам се спремао да изнова прилегнем и препустим се слатком дремежу, приметих да је Урошу лице букнуло црвеном ватром и ја га погледах зачуђено пошто нисам схватао како глупа шала једног клипана може да изазове толики стид. Он је и даље стајао заруменених образа, као неко ухваћен у крађи покушавајући да изусти нешто, али уста су му се отварала без гласа. Очи му силно засузише и он, да не би пред нама бризнуо у плач, потрча; пуне ноге су га споро носиле, а његов трапав трк доведе до још јачег смеха дечака, који пређе у грохот.

Погледао сам испод ока Вукашина, онога дечака злобних очију, који је предњачио у исмевању, али он, на његову несрећу, не примети колико сам љут.

„Престани, доста је! Доста кад кажем!" Он поче још јаче да се церека и прави гримасе.

Следећег тренутка скочио сам на њега и почесмо да се рвемо по угаженом песку. Били смо још влажни па би ми стално, попут рибе, исклизнуо из руку. Стегнуо сам песницу што јаче могу и нанишанио у огромни повијени нос. Распалио сам га и осетио како ситни делићи хрскавице прскају а крв јурну као да је неко отворио славину. Вукашин тако силно врисну да су почели да пристижу одрасли с краја плаже; нисам их чекао, зауставио сам се тек на бедему. Видео сам одозго круг око малог злобника и чуо његово јаукање налик скичању свиња када осете да ће бити заклане.

После неког времена то се заборавило, али ја нисам престао да будем бесан на Уроша што се понашао смушено. Тада се чинило да се нека мрачна тајна надвија над његовим животом а он стоји да мирно подноси ту тајанствену срамоту. Није то стил ратоборних дечака с брежуљка! Ако покажеш слабост пред дечацима из барака, ваљаће те по прашини; ако им покажеш песницу, поштоваће те. Ову једноставну истину о нама Урош није могао или није желео да прихвати. Или он можда није никада ни био један од нас, можда се само родио на брежуљку. Свеједно, првом приликом сам се извикао на њега, али сам престао када се у угловима његових раширених очију појавише сузе; и сам се збуних због такве реакције; стајао сам пред њим занемео, с помешаним жељама и потребом да га заштитим или повредим.

Високо изнад врхова далеких планина брзо је надолазио црн, страшан облак. Сви смо излазили из воде навлачећи оскудну одећу, погледе смо бацали на онај претећи облак што се страховито брзо приближавао реци. Дотад миран ваздух, узбурка се и поче да се ковитла савијајући врхове врба до самог тока воде, а горе стаде да повија поља трске, чије је шуштање непријатно подсећало на бесно сиктање сплета змија.

Вихор подиже нашу колибу и баци је педесет метара даље; захвати ситан песак и стаде га витлати и бацати у очи. Чинило се да је пала ноћ и да је неко разлио тмину преко ведрине неба. Муње су се рачвале на хоризонту и с треском стапале с тлом. Мала деца почеше да плачу док смо ми хитали према колиби од трске код Манетовог долапа. Пошто смо били најбржи, утрчасмо у тесну колибу и затворисмо врата ослушкујући непрестано тутњање громова који су сада погађали усамљена стабла у пољу, а не само удаљене висове.

Извана се зачу прво пригушено, а онда све гласније добовање великих комада леда ношених ветром. Град је сипао све јаче по сноповима трски поређаних унакрст на багремовим шиповима, као и са стране где је трска била ређа и где су кроз мале пукотине упадале ледене коцке неједнаког облика као да их је неко залудан крунио огромним шилом за лед. Стављали смо комадиће у уста и сисали их као најслађе бомбоне.

У колиби поста несношљиво тесно и спарно јер се нас седморо-осморо тискало унутра.

„Хеј, склони ми се с ноге!"

„Ма нисам ја, овај је то."

„Избацићу те напоље па ћеш видети", добаци Милан, „а, ти дебели, шта си се укипио; заузео си два места, `ајде бриши од мене; шта си се прибио; нисам ти ја мамица!"

Урош се ћутке склони и ја га позвах ближе себи пошто сам стајао у углу и имао довољно простора да не морам да стојим на једној нози и тискам се с осталима.

„Хвала", рече тихо.

У колибици се мешао зној многих тела и умало нисам излетео напоље у олују јер ми се вртело у глави од воња чудне врсте што се испаравао из пора коже које су још јаче лучиле, потакнуте страхом од распојасане стихије извана.

Урош се мало-помало примицао к мени у жељи да избегне зле Вукашинове очи; његово је рошаво лице услед спарине задобило боју крви и било још страшније и подмуклије. Дечак се трзао на сваки фијук муње иако се трудио да изгледа прибрано. На крају, пришао ми је тако близу да сам јасно могао оњушити мирис његове косе и осетити дрхтање ознојеног торза.

Помислих да је он мали дечак кога треба заштитити и оставих га у том положају док се грмљавина не оконча у још неколико јаких пражњења.

Умах све се примири, Урош се одвоји, а ми погнутих глава изађосмо у прочишћен прохладан ваздух и кренусмо без речи ка баракама на брежуљку.

Не знам зашто, али то велико невреме о коме су сви причали желео сам да истиснем из сећања, а та жеља се повезивала, због нечега, с оним тешким, опорим мирисом.

Узалуд сам забацивао, осим неколико ситних белица, рибе су остале у својим склоништима и полако сам губио стрпљење.

„А где су отишли твоји мама и тата?"

„Ја немам оца, немам", одврати Урош с неком леденом одлучношћу која се није могла очекивати од тог милог и благог лица. Но, ни оно више није било благо: угледах изобличену гримасу спремну да бризне у плач или опсује нешто гадно.

„Извини, мислио сам на чика Мирка, јер видео сам их доле на станици, па...", почех да муцам непријатно изненађен као када вам ударац узврати неко ко је навикнут на редовне ћушке.

„Данас баш слабо гризе", покушавао сам да окренем разговор на другу страну.

Њега та невешта намера као да још разјари.

„Он" – није желео ни име да му спомене – „није чак ни мој очух пошто нису венчани него живе тако као... као животиње." Усне извијене изнад зуба, поплавеле и искривљене, обликовале су непријатан призор чељусти спремних за ујед. Тело стаде да се тресе и трза а очи још више потамнеше, а негде из дубина тог црнила сијала је чиста мржња, наталожена у прошлим данима и годинама. Потрајало је прилично дуго док Урош не поврати лик мог друга кога сам познавао и бранио од сурових дечака с брежуљка.

„А ако желиш да знаш", настављао је Урош, „мој отац није нимало био животиња, био је учитељ, образован човек. Али је рођен слаб, исувише слаб за ово брдо, бараке, за овај град, за свет уопште. За цели свет и све његово зло. Дуго је патио док је лежао болестан, није ни питао за њу, за маму, никада, ни где иде ни шта ради.

„Тата је волео да му читам крај постеље до касно, волео је руске писце, Толстоја највише. Говорио ми је да имам леп глас и да би ме могао слушати до... до краја живота. Највише је тражио *Смрт Ивана Иљича*, стално је захтевао да му ишчитавам ту мучну причу, изнова и изнова. Он је пре него што се разболео најчешће читао *Кројцерову сонату*, а вилице су се стезале као да се мучи с тим делом. А док је имао у рукама *Рат и мир* или *Ану Карењину*, испод напрегнутих мишића лица назирало се радосно озарење, баш као да је у тим редовима налазио потврду својих размишљања или одговоре на питања која су га дуго мучила. Достојевског није подносио; говорио је да нико не може бити толико живчан нити несрећан какви су његови ликови, да нико не прича тако као да декламује на по неколико страница. Узимао је његове књиге и одбацивао их; читање Достојевског поредио је с рвањем после кога сваки мишић и кошчица у телу боле.

„Веровао сам да, слушајући приповест о туђој смрти, некако одлаже своју; тако сам мислио у почетку док ми није синуло да му је то био начин да погледа у очи ништавилу које је широко зјапило пред њим.

Његове очи су се бојале; зато су моје гледале текст приче и дочаравале муку књижевног лика, јунака од папира, муку која је у поређењу с копњењем живога створа од крви и меса, мог доброг оца који ме је само неколико месеци раније водио на Ђердап, изгледала сувишна и вештачка, да вештачка, то је права реч."

Када је то изговорио, Урош поче да понавља од речи до речи пасус из оне страшне приче коју је толико често морао да чита да је упамтио сваки њен део. Сувим устима је изговарао речи:

„Ивана Иљича је највише мучила лаж – та лаж, коју су сви прихватили да је он само болестан, али не и да умире, и да он мора да буде само миран и да се лечи, а тад ће све бити добро. Он је знао, ма шта чинили, ништа неће бити, осим још мучнијих патњи и смрти." А пошто заврши цитат, настави даље још туробнијим гласом.

„Док сам ово читао, мој отац, човек од педесет година, плакао је тужније од малог детета, а ја нисам смео да погледам у његово омршавело тело које се тресло и крупне сузе које су текле низ поцрнело, упало, неизбријано лице болесника на самрти. И сâм сам толико пута плакао да суза ни саосећања није више било; дубоко у себи желео сам да се све то оконча онако како мора бити. Али што брже, да се мука заврши. Јер, свако на крају мора узети сам себе за руку и повести у тајну, тајну иза ове што је гледамо сваког дана.

„Мој тата је копнео пред мојим очима, а ја сам морао да седим у његовој близини, да осећам његов болеснички зној, да посматрам како нестаје и постаје људска сенка. У последњим данима био је лакши од мене, могао сам га пренети из постеље до клупе где сам га пресвлачио. Умро је у сну, несумњиво у страшним боловима али без снаге да дозива у помоћ, умро је, и у мени се родило олакшање помешано са стидом. Поред узглавља стајала је *Смрт Ивана Иљича* с умашћеним и савијеним листовима; залетео сам се и бацио је у ватру. Док су се листови грчили и сагоревали, помислио сам да с том књигом спаљујем и смрт која је лежала у мом оцу укоченом на душеку."

Немо сам пратио Урошев монолог не налазећи ниједну реч којом бих бар покушао да га утешим, мада се чинило у тим тренуцима да је Урош толико ојачао, не физички, као да је некако прерано сазрео, да сам осетио онај стид који понекад осете деца пред старијим и искуснијим мушкарцима. А пријатељ тета Зорке, пословођа Мирко, узалуд је настојао да се приближи дечаку. Слике правог родитеља биле су јасне и свеже, њих никакве шећерлеме и лицитарска срца нису могли прекрити.

„Желиш ли ти да ти донесем једну књигу?", изненада ме запита.

По општем уверењу свих наставника, ја нисам имао баш превеликих изгледа да завршим нешто више од осмог разреда основне, што је била законска обавеза, говорили су. Моје даље школовање помињало се магловито у виду каквог доброг заната, месарског или пекарског, или нечег сличног што не захтева много прочитаних књига. Зато сам се и зачудио када сам чуо његово питање. Али, био сам на кривој нози па рекох:

„Да, сигурно, донеси нешто добро. Прочитаћу, зашто да не."

„Шекспир: *Сонети*, шта му је то? Песме, па знао сам, само се шалим. Читао сам ја Шекспира", слагах на брзину, па брзо пређох на нешто друго пре него што је Урош успео да настави с тим Шекспиром и свим другим замлатама које су читавог живота само седеле и измишљале глупе приче због којих смо морали да разбијамо главу на часовима српског. Фуј, леништине, помислих у себи, али да не увредим пријатеља коме су ти лезилебовићи пуно значили, мудро прећутах ток својих мисли. Бацио сам поглед према игралишту где су се окупили скоро сви дечаци и, трпајући књигу под мајицу, потрчах к њима.

Пре одласка с игралишта, погледао сам горе: небо је блистало у скерлетним тоновима као да га је неко управо запалио.

Тог лета дани су били превише кратки за нас; после вечере лењо смо се окупљали на станици жваћући последње залогаје вечере. Није нам требао сат, који нико од нас није ни имао, возови су својим проласцима мерили време.

„Већ је дванаест", чуло се из мрачног угла, тамо где су седели Дуле и његов близанац Зека, с којим се често безразложно и крваво тукао. „Идемо, поздрав друштво." „Хајде, Зеко, шта чекаш?", рече Дуле коме су родитељи казали да је старији два минута не знајући колико ће он то озбиљно схватити.

„Нећу још, и ко си ти да ми наређујеш када ћу кући? Иди, знаш пут."

Два минута старији као да је очекивао овакав одговор, полако се окрену навукавши маску искуства па поче неким извештаченим тоном да убеђује брата.

„Знаш да нам је мама казала да се до поноћи морамо вратити, пре него што се тата врати из смене. Баш мени је казала: реци Драгану да не касни као што уме него нека те послуша, старији си." Овде Душан посебно нагласи реч „старији".

Али, уместо да остави утисак на брата, овога његове речи доведоше до беса и он псујући скочи, али га је Драган спремно очекивао, па се почеше ударати песницама, чији су ударци мукло одзвањали у глуво доба. Нико од нас се не помери, чак их нико није ни гледао како се ваљају по поду, гризу и страшно псују један другога; навикли смо били на њихове бесмислене свађе. Битка се заврши нагло како је и започела, без победника и побеђеног; њих двојица су једноставно устали бришући прашину и крв с лица равнодушно се опраштајући од нас.

„Здраво, Дуле, здраво, Зеко", одјекну неколико гласова и опет настаде тишина коју ништа више није могло нарушити.

„Наши Каин и Авељ", добаци Урош и кратко се насмеја. Ни на то нико није реаговао јер нисмо могли знати ко би могла бити та двојица. После неколико тренутака, Вукашин не издржа и рече отровно кривећи рошаво лице:

„Ти само нешто измишљаш, ко су ти сад па ти?"

Зачудо, Урош се овога пута не збуни већ се чак мало помери из сенке према средини просторије и, обасјан слабом светлошћу, поче говорити о синовима првог човека на Земљи. Сви смо га слушали, а то му даде нову снагу и храброст па је причао дуго и лепо о многим људима из књиге за коју нам нико није казао да постоји. Говор му поста полетан, мењао је интонацију, говорио речи мудрих људи, нарочито често помињући извесног Исуса, који је био, то смо одмах схватили, вођа дружине. То причање се протегло у дубину ноћи и већ се огласише рани петлови, а ми смо га слушали по први пут без добацивања и омаловажавања. Некако смо постајали свесни да много више зна од свих нас, чак више и од наших наставника, можда више и од попа Зорана, за кога је мој отац упорно тврдио, док је мајка уздисала, да се више разуме у пиће и снаше него у службу.

Био сам поносан на Уроша, чинило ми се да је тим говором покренуо нешто у нама о чему нам нико неће тако лепо причати. Био сам поносан и више нисам морао да осећам стид што сам га бранио од насилника.

Тај утисак у мени трајао је дуго, док су други дечаци из барака на брду изгледа брзо заборавили на свечану тишину у ноћи када смо га слушали и почеше поново да га избегавају у игри, али га више нису тукли, као да је на себе навукао невидљиви штит и постао имун на дечачку злобу.

Имали смо само дванаест-тринаест година, никад нам није било досадно. Најчуднија забава коју смо пронашли била је убијање гуштера у огромном хангару за комбајне у пропалој пољопривредној задрузи. Ту су биле црвене, огромне машине на које смо се успињали замишљајући да их возимо. Неко од нас је случајно приметио да се велики број гуштера населио у шупљинама цигала, да можда има чак и змија. Оне су нас окупирале тих година, та подмукла створења која смо разгледали потопљене у теглама на часовима биологије. Наставник је причао како ујед шарке или поскока може убити одраслог човека за кратко време ако не добије серум. Мени су склупчане у тим теглама напуњеним неком густом течношћу више личиле на мало веће глисте које сам сакупљао за пецање сомова него на таква страшна створења каквим их је описивао наставник биологије.

„Али свако зло има и своју добру страну", мумлао је наставник гутајући речи, „отров змије користи се у медицини за справљање лекова." Изговорио је реч „справљање" као да чита на радију и још рекао да су ти серуми веома ретки и скупи. Разуме се да смо већ на великом одмору смислили план да постанемо ловци на змије и обогатимо се.

Али змија није уопште било, доносили смо убијене и живе мишеве да их намамимо – ништа. Изнервирао сам се и узео комад цигле и нанишанио у најближег гуштера који је мирно лежао на јаком сунцу. Погодио сам га а осакаћени гмизавац шмугну у невидљиву пукотину, међутим, танки реп остаде да скакуће још неко време на земљи. Одвојени део тела увијао се преда мном као да у њему има делић оног великог живота целог гуштера. Ипак, реп је након неколико часака престао да се копрца, док су глава и тело гуштера преживели деобу. И, заиста, касније смо често виђали безрепе животињице како се сунчају.

Ово ми се веома допаде, а када сам то испричао дечацима, сви похиташе до хангара који су се налазили у близини игралишта.

Био је један од оних дана средине јула када сунце тако пржи да је изгледало како се кровови барака топе и шире некакав хемијски смрад, вероватно од неке заштитне боје којом су премазане да не би пропуштале кишу. Унутра се није могло издржати. Одлучио сам да позовем Уроша да пође са мном до хангара да убијамо гуштере. Пристао је кратко оклевајући.

„Ала се знојим, погледај", рекох. И стварно, с мене се сливао зној и остављао бразде спирући прљавштину с поцрнеле коже.

„И ја исто", одврати он, мада ја нисам могао приметити ниједну кап, а камоли прљавштину на њему; његова кожа била је бледоружичаста и наизглед свиленкаста. И по томе се могло видети да његов отац није био рудар, од њега је наследио светао тен и косу; ни једно ни друго није му помагало горе не брежуљку. Међу тамнопутим дечацима из барака, разлике, па макар оне биле само у нијанси коже, нису се праштале, све што није личило на њих било је сумњиво. Њихова нетрпељивост према мом другу периодично је долазила и пролазила, а на њему остављала невидљиве белеге.

„Стварно, и ти исто", прихватио сам игру и обојица почесмо да се смејемо.

Прескочисмо високу ограду иза игралишта и већ смо били у гомили уснулих гуштера, сувише лењих или дрских да би побегли. Погледао сам у њега и показао на одвратна створења укочена на јари поднева као да их је оковао лед. Климнух главом као да смо у некој тајној војној операцији где се споразумевамо само себи разумљивим знацима. Климну и он трудећи се да ме прати у замишљеној мисији. Клечећи, полако смо купили камење, ја сам при том бирао оне оштре којима ћу лакше запарати рожнату кожу гмизаваца. И даље сам се церио показујући на гуштере који се и даље нису помицали не знајући шта их очекује.

Почео сам први. Тихо газећи, нишанио сам и прецизно погађао мрске животињице. Видео сам себе као ловца или витеза који се супротставља надмоћнијем и бројнијем противнику. Нисам се освртао, али сам чуо кораке иза себе и био сигуран да се и Урке труди да погоди понеког гуштера иако се вероватно грозио и питао чему све то.

Пошто су се гуштери разбежали, седосмо у хладовину испод неисправног комбајна и ја се извалих као на плажи. Био сам срећан, срце ми је било пуно као да сам управо учинио нешто велико, иако ни сам нисам у потпуности разумевао у чему је драж или сврха онога што смо радили.

„Јеси видео како сам оном великом смрскао главу? Пам, и само се копрцао ситним ножицама, било је добро, зар не?"

Он се осмехивао и није одговарао. Ја сам исувише био усплахирен да бих приметио ишта осим добре забаве коју сам намеравао да наставим после одмора.

„И овде је ђаволски вруће, испод овог плеха, можда је требало да одемо међу дрвеће", рекох покушавајући да заузмем најудобнији положај. Тад сам угледао неку гримасу на друговом лицу, неку закопану муку што покушава да се исцеди заједно са знојем којим је сада и он био обливен. Први пут ми се учини као неко ко уистину крије страшну тајну, али истина је и да сам му први пут био тако близу. Малочас, окренут леђима, нисам му могао видети лице, само сам чуо кратке одговоре.

Стешњеним испод комбајна, лица су нам била близу тако да сам јасно гледао патњу како се рађа и умире на његовом нежном лицу. И као много пута до тада, би ми га жао, али сам осећао и жељу да му подвикнем да се тргне. Био сам скоро уплашен, нисам могао знати шта му се мота по глави и шта може учинити. Можда је ипак, као што му сви добацују иза леђа, чудак, настрано и проклето биће.

Усне почеше да му се криве у неком покушају да нешто изрекне, нешто што је закопано толико дубоко да никада неће изронити на светлост дана. Очи и зенице у њима биле су толико широке да се ваљда први пут у животу уплаших од неког дечака из барака с брда. Почео је нагло, као неко ко се дуго припремао да саопшти нешто судбинско.

„Морам да ти кажем нешто што већ дуго осећам и што знам да морам учинити, нешто што ти већ сигурно и сам знаш или наслућујеш. Доста сам чекао..." Мора да сам га посматрао врло зачуђено јер му се малопређашња одлучност истопи као венац пене на таласу.

„Ја... ја... ја", поче страшно да муца гледајући ме мутним очима у којима се назирало нешто ужасно што се може десити. Откотрљах се у страну и рекох како морам до клозета. Код њега то као да изазва олакшање и тугу, заћута и, опустивши руке низ тело, рече тихо да сам једва могао чути:

„Иди, само иди."

Тада ми се опет учини много старијим од мене, не само од мене већ и од свих дечака с брежуљка, да је некако мимо нас доспео до неког знања које је за нас остало сакривено, до нечега што још не смемо знати, нечег што знају само старији. Али, изгледа, да му то знање није доносило ништа добро.

Ако се могу добро сетити, тада сам почео да зазирем помало од њега, као да је онај понор у његовим очима призивао себи. Ту ми се поново јави помисао да он не припада нама, одрпаној деци из барака на брду, деци рудара која ће и сама ускоро то постати, деци која су црна као да већ раде у јамама. Он као да је био спуштен у бараке како би нас његова особеност опомињала ко смо и ко једино можемо бити. Тада ми је постало јасно зашто су га други дечаци исмевали и тукли: нападали су оно у њему што никада неће разумети, инстинктивно одбацивали физички најслабијег, као што чопор одбацује слабог знајући да једнога дана може страдати због њега.

„Ко је он, ко је он?", мотало ми се по глави док сам откопчавао шлиц. Вратих се и завукох се мало подаље од њега, иако је изгледало да је поново постао онај мирни, сетни дечак кога сам познавао.

„Идемо поново да им покажемо", узвикнух мада ми глас одјекну шупље јер у њему не беше више оне искрености и одлучности, као да се десило нешто недолично због чега сам осећао стид. Али нисам знао шта, и то ме је љутило.

У тренутку када се Урош придигао на лакат леве руке и заустио да каже још нешто, нечујно као што само тај проклети створ зна, змија му се сниза на голе груди.

Није вриснуо, нисам ни ја. Проклетиња се полако угнезди на његовом стомаку и поче високо да издиже главу упирући своје ситне зле очи у очи јаднога дечака које су наликовале пару укочених трешњи. Хтео сам да викнем, да дозовем некога, да дозовем другаре, читав град, али ништа се није могло истиснути из осушеног грла. Звер се још уздизала, палацала језиком непрекидно и кезила зубе спремна да загризе, али неодлучна где би најпре сасула отров.

Ваздух је потпуно престао да струји, простор у дугуљастом хангару као да се заледио ухваћен у раму некакве страшне слике, време као да је стало у сагласју с нашим срцима која нису више била својим ритмом. Испрва мала, шарка као да је расла, надимала се и потпуно освајала простор око нас. Није нападала јер је била поколебана пошто у дечаковим очима, осим јаке одвратности, није налазила страх којим би се нахранила.

И, стварно, Урош је лежао мирно не померајући ниједан мишић, као да је прихватио гујину игру, као да су били у неком тајном савезу. Ова поче полако да се умањује још увек прекривајући својим одвратним телом нежну кожу трбуха мог друга.

Одједном, као да је неко дозва из најдубљих паклених кругова, она се одазва том немом позиву и, окренувши се ка унутрашњости просторије, напокон склизну с обамрлог Урошевог тела. Зграбих камење и појурих да дотучем звер која, нимало не журећи, стаде да се удаљава као да се ништа није догодило. Погађао сам је, сигуран сам у то, али је изгледало да тврдоћа камена није могла ништа том вијугавом гмизавцу.

„Немој, молим те немој, немој је повредити, не разумеш", зачуо сам како Урош разговетно виче. Бацио сам још један камен и пљунуо на зверку која се и даље увијала према своме брлогу у темељу зграде. Лице мог пријатеља постаде бледо, као што само још лице мртваца може бити. Испод очију му избише плави колутови и најeдном лице и тело му се стадоше трести у неописивом грчу. Сваки мишић на лицу поче се грчити сам за себе, било је страшно гледати то мучење коме се није могло помоћи. Ноге су му се тресле одижући труп с тла а ја, не знајући шта се дешава, ухватих се за главу и почех да урлам. Коначно, стравичним и нељудским гласом успех да дозовем помоћ.

Док су људи дотрчавали и вадили језик несрећног дечака да га не прегризе услед тог страшног грчења, схватио сам шта значе речи које сам толико пута чуо или прочитао: дозвати у помоћ. Ја сам успео, јер нисам знао како бих помогао, био сам мали уплашени дечак који је тога дана само желео да разоноди себе и друга. Прво она проклетиња, а сада и ово, нисам смео да погледам у очи тета Зорки, већ сам побегао према обали као да једино тамо могу наћи мир у том ужасном дану. Незнано како, схватио сам да је то био дан за поновно кушање; одлуку о искушењу нисам донео ја, али сам јој се радо повиновао.

Седео сам у подножју криве врбе и смирено посматрао вир под собом; учинило ми се да је време да коначно скочим. Не може ми се десити ништа страшније од онога што сам већ доживео тамо у хангару. Оклевао сам јер ми је однекуд долазило до свести да појава оног пакленог створа није била случајна, да се дуго пре тога дешавало нешто лоше, нешто што још нема своје право име. Јер, како назвати зло када знаш да се оно не појављује само у једном облику? Урош се није бојао јер се предавао; да, о томе се ради: све је могуће када ни сопствени живот више нема вредности. Отуда толика његова храброст, отуда мир који нисам видео ни код мушкараца у мање опасним околностима. Могу и ја то, данас сам схватио; кад дођеш до краја, када погледаш у крај, онда нема ни страха; скочићу.

Наместио сам се на крај одломљеног стабла и мирно погледао у јасно небо, али када сам вратио поглед ка виру, на ободу вртлога пливала је она иста неман и палацала језиком док јој је жутило очију било управљено у центар мојих зеница.

Скочио сам, тачније, склизнуо сам мирно раширених руку у само гротло мутне воде; она ме спремно прихвати својим споља невидљивим силама и поче да ме, као да сам изгубљена играчка, повлачи на дно. Раширених руку окретао сам се спорије него што сам очекивао, а отворених очију покушавао сам да гледам сопствену пропаст. Али, муљевита вода изгледа није тако нешто дозвољавала... Тако сам, бескрајно лагано тонући, барем је тако изгледало, доспео на дно. За тренутак – ноге су ми додирнуле песак и шљунак – а онда су ме прихватиле неке невидљиве руке и подигле навише. Као што сам полако пропадао, споро сам се и уздизао; нисам осећао страх, пре неку врсту спокоја и победе које више нисам желео.

Вода ме није хтела.

Бежао сам много година, али сам очи те змије, жуте и уске, препознавао на многим местима, на лицима многих људи. Урош је од тог дана имао некад чешће, некад ређе нападе, за које сам касније сазнао да се зову епилептични. Та ми је реч била тако ружна, тако тешка за изговор да сам мислио како одговара управо тој и ниједној другој болести. Тада није било никога коме бих се поверио, потражио савет или се тек изјадао. Сека је тек касније ушла у мој живот и живот мог друга Уроша.

За мога су оца постојале само две врсте људи: добар радник и лош радник. Када је причао о некоме, замислио би се и изговорио: „Он је... добар радник." Тако је и за Цевата из бараке изнад наше, за кога се причало како је заклао брата доле на Косову и отео му удовицу, своју снаху, тврдио да је најбољи радник у смени. Фатима, дебела Шиптарка, стално се осмехивала на све и свакога и ништа није разумевала, али је бацала заљубљене погледе на мршавог и црног Цевата. Њих као да је неко саставио бирајући различите особине и изглед: она беше ниска, округла као лоптица, благих приглупих очију. Он, висок, црн као Арапин, али зато жалосно мршав, мада жилав као вук. Иако му је поглед вечито пламтео неком унутрашњом ватром, очи су му биле опрезне и хладне чак и када је покушавао да се насмеје. Но, и он је Фатиму нежно посматрао.

„Немој ми више доводити у кућу тог зликовца, све ће нас поклати. Види како му севају очи!" Мама је део бараке у којем смо становали волела да назива кућом.

„Ћути, жено! Џеват је... добар радник."

„Брига ме какав је радник, злотвор је то, пише му у очима", није одустајала мајка све бешње слажући посуђе.

Отац поново поче како је Џеват добар радник и да то не значи само да копа као двојица наших, али одједном стаде, бесно узе капу и изађе гунђајући.

И, заиста, после неког времена, Џеват је поломљеном флашом у кафани заклао неког Босанца док је овај причао виц у коме се помиње нека Фата. Џеват, пошто није потпуно разумео о чему се ради, а ни да ли му је част укаљана, за сваки случај хитро скочи и прекла човека као пиле. Тако су комшију Џевата, који није имао баш нимало смисла за хумор, одвели у затвор; он је ишао уздигнуте главе не кајући се и не прихватајући да је погрешио. Недуго затим, дошла су двојица Шиптара одоздо и одвели дебелу тета Фатиму која се и даље приглупо, мада сетније осмехивала.

О мени отац, изгледа, није имао великих илузија. Сећам се да је једном рекао: „Од тебе... ти нећеш... ти се, дечко, мораш потрудити да будеш добар радник, да, добар."

Врели и лепљиви јул када се чинило да ће се ваздух запалити тек тако и спржити људе и земљу највише смо волели од свих летњих месеци. У јулу скоро да и нисмо спавали, смуцали смо се полуголи и неуморно шпартали од зажареног асфалта, преко усијане прашине, па све до врелог песка на плажи. Нисмо се морали пресвлачити, већ бисмо из кревета искочили буновни и прљави и стали се дозивати и правити планове. Најбоље је долазило тек с првим сумраком, онда се јара полако гасила, али је остављала топлоту камењу, зидовима и асфалту да је исијава дубоко у летњу, спарну ноћ.

У мраку су предмети, зграде и људи, па и ми сами, добијали нова обличја; оно што је дању изгледало потпуно обично и јасно под копреном мрака прерастало је у свет тајанства и маште. Пошто смо вештину читања углавном примењивали на авантуристичке стрипове и оне о Дивљем западу, обликовали смо ту нашу стварност по узору на јунаке којима смо се дивили и опонашали их. Вежбали смо хладнокрван поглед, незаинтересованост за околни свет и људе, држали руке дубоко забијене у џеповима и прсили се толико да нас је кичма болела. Ћутали смо, забацивали рамена у ходу, онако како је то радио Џон Вејн у *Рио Браву*, и полако се, неколицина нас сталних дангуба, прикупљали на железничкој станици негде око поноћи.

То ноћно седење у пустој железничкој постаји изнад уснулог града остало ми је као једна непомућена емоција из раног дечаштва и прве младости. Када би свако од нас дечака из барака с брда погледао данас у своју залиху сећања, сигуран сам да би у њој на врху нашао то дуго, углавном немо седење и зурење у мрклу празнину пред собом. У даљини су сијала светла града, али су њихови зраци тада још били сувише далеко од нас.

Не могу се тачно сетити ко је то први учинио, можда Миле, свеједно, неко је донео неколико опушака и понудио нам да их запалимо.

„Дај и мени", затражио сам након што су скоро сви почели, с важним и смешним изгледом, да опонашају одрасле дубоко увлачећи дим из опушака.

И даље смо седели обасјани слабашном светлошћу млечне сијалице, али тада се из даљине, осим наших силуета, могао видети и букет малих жижака који су титрали претећи да се угасе. Укус цигарета био је страшан, но ни ја а ни остали нисмо желели то да признамо сами себи, а камоли осталима. Журно смо увлачили љути дим, као да нам од тога зависи читав живот и, са сваким наредним удахом, веровали како се лагано пењемо у свет наших очева и локалних мангупа из града.

Било ми је мука од цигарета, толико да сам умало повратио, у глави ми се вртело тако да ми се чинило како по први пут уистину разумем предавање наставника географије о томе да се земља окреће. У том тренутку сам имао и доказ за то. Свеједно, у свом каснијем животу никад више нисам могао, а ни желео, да се одвојим од те биљке увијене у бели папир оштрог мириса и укуса. Па чак и када сам озбиљно почео играти фудбал, и тада ми је веома пријала цигарета након утакмице. Сваки страствени пушач ретко памти прву запаљену цигарету; ја се тог првог опушка сећам и сада, памтим ону топлоту у плућима када дим стигне до њих, трен када се трака дима одвоји и уђе у десно око које одмах засузи.

Миле је донео пун џеп опушака, али их је убрзо нестало. Ја се брзо досетих:

„Па ово је станица, доле на перону мора бити још пикаваца!"

„Браво!", заграјаше сви и потрчаше да их траже сагињући се да би што боље видели у тами. У станици остасмо само Урош и ја; позвах га да заједно тражимо опушке.

„Не, не желим да пробам, од тога уста смрде и пожуте нокти. Идем ја."

Није ме уопште изненадило то што Урош није урадио што и сви остали, већ ме је зачудио његов одлучан тон и слободан одлазак.

Посматрао сам га како одлази, ту помало трому фигуру како нестаје у ноћи; забацивао је ноге док се кретао, а док је покушавао да се клати у раменима, изгледао је смешно. Гледајући га с леђа, умногоме ме је подсетио на тета Зорку, његову мајку, локалну лепотицу, удовицу и жену на лошем гласу међу женама из барака. Често сам од маминих комшиница могао чути, пре него што би ме избациле из собе, како испод гласа говоре о некој новој афери трафиканткиње Зорке.

Било је нас седам-осам дечака из барака на брду, али у успоменама из детињства су се задржали једино ликови Уроша и Секе; осталима су лица била завејана наносима дана и година који су прошли кроз нас. Када затворим очи, видим их једино у детаљима; могу видети очи, уста, осмех, руке, ноге, фигуре, чути речи које, иако допиру из умртвљених дубина времена, одзвањају јасно, али никада то нису целовите личности од крви и меса.

Понекад ми изгледа да се могу сетити готово свега што смо заједно урадили или разговарали нас троје: Урош, Сека и ја. Они су, онакви какви су били тада, много животнији од људи које сада срећем. У скорије време обузима ме чудна мисао да сви које данас познајем и нису прави људи, него нека врста пуњених лутки које је неко упутио да ходају, раде и спавају или умиру. Ипак, шта ако и такви људи сумњају да сам и ја обична празна љуштура коју је давно напустио човек? Јесам ли? Када мислим о својој младости, увек су ту и они. Онда размишљам и о њиховој младости, заправо увек видим нас троје заједно. Свето тројство нашег детињства.

У ствари, ретко смо били заједно све троје, углавном сам ја био у друштву с Урошем или са Секом. Тек пред крај, пред крај наше младости, чини ми се да сам почео да схватам колико је нас троје повезало то место и то време, за које се чинило да вечито лебди попут врелине над градом и не креће се нимало. А да се није десио онај страшни удар који нас је све бацио на разне стране, ми бисмо можда остали до краја у тој чудној заједници, некој врсти уврнутог брака која би људе навела да у нама виде занесењаке и лудаке. Не знам, можда смо то већ тада помало и почели постајати.

Као да смо само нас троје узели обличје истинских људи, постали ликови у некој трагедији или комедији живота, а да су остали попуњавали позорницу и били сценографија. Али су и они, попут статиста у каквој представи, били близу, могли су сагледати све наше сумње, мржње или љубави, али нису могли да учествују у ономе што се одвијало. Остали су безличан декор. Тако су се обличја њихових лица и изгубила у мом сећању.

Велики вашар у јуну почињао је сутра, а ја сам рано пошао на спавање желећи да преспавам сате до јутра када ћу одјурити до трга и с уживањем посматрати буновне Цигане придошле из свих крајева како подижу шатре, монтирају зид смрти или шарени мини циркус. Уздуж главне улице годину дана раније поређали су тезге с округлим огледалцима, на чијим полеђинама је била куглица коју је требало пажљиво провести кроз бројне жлебове до малене рупице, с блиставим ланчићима, прстењем, пушкама и пиштољима од пластике, петардама, чегртаљкама и безбројним другим дивним ситницама чији се број није могао до краја сагледати! Па мини лутрије с премијама гипсаних фигура, стрелишта с ваздушном пушком, пецаљке с алкама које је требало натакнути на поређане флаше, мање и веће рингишпиле и ко зна шта све не што се слило у град да нама деци заврти мозак и да тако занесени лутамо између штандова док не осетимо да не можемо учинити више ниједан корак! Онда смо седали на степеник Дома културе и одозго, као из најбоље ложе, пратили вреву и ослушкивали дозивање трговаца, хук из бурета зида смрти, смех деце и жагор одраслих.

Моји су се нерви тако прегрејали да ми је сан стално измицао, у часу када сам помислио да спавам, схватио сам да буљим у мрак. У неком стању полусна мешале су се слике с ранијих вашара и оних које сам очекивао да ћу угледати сутра. Желео сам да окушам снагу на крушци о којој се говорило да се почела појављивати на вашарима и саборима. Ако сам добро разумео, то је била повећа кожна лопта крушкастог облика коју је требало ударити што јаче песницом а она би показивала снагу удараца.

Још су ми се мотале по глави слике нашминканих, старијих девојчица и њихових строгих мајки с пунђама, како сикћу на нас, дечаке из барака на брежуљку, да се оперемо, обришемо слине и још којекакве увреде. Ми се никад нисмо обазирали на те гојазне, утегнуте госпође, већ смо настојали да ухватимо погледе одобравања њихових мезимица. Изгледало је да њима не смета то што смо били боси, прљави и прегорели на сунцу, смејуљиле су се и гледале нас држећи се за нове хаљине, које су њихове мајке чувале за овакву прилику.

Тако су се мешале успомене и жеље у ковитлацу ума који није могао пронаћи мир у дубоком сну без снова, оном сну чија дубина окрепи тело и прочисти мисли тако да устајемо спремни да с новом снагом погледамо на нови дан.

Сунце се јавило у сјају врелих зрака што су пали на брдо у млазевима који су разгрнули таму над нама и позвало нас у јасан, ведар дан. Мириси су се расули кроз ваздух у таласима попут маслачка када се распрши над пољима. Јутро је мирисало на измаглицу с планина и катран из загрејаних зидова барака, на нестали Месечев сјај и на испарења околних септичких јама, на дечје снове и задах шљаке што је упорно прекривала бараке. Честице прашине су биле толико фине да се нису могле видети, само нас је изненадни кашаљ подсећао на то да су људи на силу чупали утробу земље и да се она свети.

Али, данас је освануо велики дан, дан који смо чекали читаву годину: почињао је велики вашар!

Одоздо су долазили ужурбани и весели гласови прекидани звонким смехом. Град се будио са свешћу да је свечаност пристигла и на наше улице, да је и код нас почело време весеља и радости, можда прекратко али га је утолико пре требало више заграбити и попити, халапљиво, као што пијанац цеди последње капи или као што жена љуби мушкарца који полази у рат.

Зато нисмо ни губили време, ми дечаци из барака на брежуљку, јер смо ми најмање имали права на тако шта; нама су сви већ унапред украли живот и, попут какве неопрезно издате менице, намеравали да га потроше унапред уместо нас. Али не, нисмо се ми тако лако предавали. Жилавији него што се и могло наслутити, увек смо за корак пре урањали у кавез простора и канџе времена, који су заједно, испреплетени, творили онај живот који нас је дозивао. О, како смо се радо одазивали том безгласном позиву; без премишљања и устезања скакали смо у његове дубине тражећи у њима оно што нисмо могли пронаћи горе, у сиротим баракама испуцалим од мраза и избледелим од сунца.

Навлачили смо једине чисте кошуље и панталоне, обували испране патике и још снени спуштали се свечано у град, дрхтећи као да силазимо у гротло каквог полуугашеног вулкана. Намештали смо немирне праменове и, уз смех и шалу, убрзано смо се приближавали шаренилу неравномерно поређаних шатри, тезги различитог облика и огромних шатора у којима су поређани столови чекали прве госте.

Вашариште је било прилично велико, окружено с три стране: школским двориштем, фудбалским игралиштем и, одоздо из правца реке, пругом и железничком станицом. У тај полукруг нико до почетка вашара није ни залазио пошто је предео подсећао на неку континенталну џунглу, у којој је, уместо тропског дрвећа, расло оштро шибље багрема, густа травуљина и мноштво трњака чије су бодље чекале у заседи. Сада је све то доведено у ред, људи су се увек питали, угледавши питомо лице вашаришта, зашто се та земља не искористи паметније. Но, тим мислима су се бавили док је трајао вашар, дакле, свеукупно: три дана.

Иако је сунце од раног јутра, не штедећи се, обливало пределе града блиставом паучином чистих зрака у чијој дубини је вибрирала праисконска енергија свемира, негде око десет је почело да се облачи горе испод плавозелених планина. Погледали смо се; неће ваљда киша баш на овај дан, па њега смо чекали читаву годину!

Ударио сам штапом по маслачцима поред пута а њихово сасушено и отргнуто семе поче да се ковитла увис и, као по некој неизреченој али непорецивој команди, одлелуја доле према реци.

Овог дана Бог је на нашој страни, небо се прочисти и сада је изнова сијало најјачим сјајем, као у дане када је прва ватра поништила прву таму. Беше исто као у тренима када је Бог исукао усијани мач светлости у залеђену тамницу свемира. Нацерисмо се, кренусмо весело доле према шатрама чије се шаренило осмехивало као читав живот, као шарени тепих прострт у бескрај пред нама.

Мени је срце трептало а ноге помало клецале, али то нисам – уосталом као ни остали дечаци с брда – желео да поменем, него сам рекао нешто просто када смо прошли поред групе жена и девојака. Грохотом се насмејасмо као чопор и убрзасмо корак низ калдрму. Она је звонила у ритму наших корака, чији је бат пратио откуцаје наших још младих срца, онако како она могу куцати у данима прве младости када се невиност тела и душе покрива грубим речима и псовком.

Понекад, али само понекад, у дане када замрле слике потонуле у тамницу времена изроне у садашњост, видимо их и проживимо јаче него у часовима када им нисмо поклонили скоро никакву пажњу. Тако сам и тај вашар онда доживео, као нешто што се догађало по нужности смене дана и ноћи, по лакоћи бесконачног понављања када се све окамени у племенитој и наивној чежњи за вечношћу.

„Шта, ти си се поново намирисао! Да то није мамин мирис?" Опет је Урош морао да слуша злобна подбадања од других дечака с брежуљка. И, стварно, до мене је од њега допирао свеж цветни мирис, онакав какав се ширио из дугачке косе, испод пазуха и прегиба тела младе девојке покрај које бих пролазио. Окретао бих се за њим као за репом неке комете.

Заустих да кажем нешто, али сам одмах одустао. Десно од мене ходао је Урош и није се освртао на боцкања, већ је звиждао неку италијанску мелодију која се тих дана могла чути на радију. Дечаци су већ причали о нечему другом и наша група се попут одреда војника приближавала шареним шатрама, гужви и галами.

„Кажу да је Моша Капедомац тако распалио крушку да се она два пута окренула и на крају заглавила па је Цига викао и псовао јер је није поправио до краја вашара."

„Ма да, то је било прошле године, знаш какве мишиће има..."

„Моша, Моша, доста о том Моши! Он се туче с тројицом, он вози зид смрти; само зато што је био у затвору, сви пузе пред њим..."

Ово ми излете мада сам се умах покајао јер сам био сигуран да ће неко од дечака то избрбљати негде, можда баш и самом Моши Капедомцу и да ће ме овај сачекати негде у мраку. Нека, имам и ја руке, закључио сам и придружио се Урошу у звиждукању канцоне.

Пут до вашаришта никада ми није изгледао дужи, сунце је нељудски пржило и под ногама је почео да се топи асфалт. То као да нам је успоравало кретање;

омамљен врелином, вашар ми се учини као далека фатаморгана о којој је неко негде некоме давно причао. Поче да нас жуља обућа и уштиркани оковратници, свако је желео да скине те беле кошуље које су нам навукли као униформе и да изује патике и еспадриле у којима су нам се упарила стопала. Али смо знали да те оклопе овога дана морамо задржати.

Вашар се назирао у даљини попут сна који упорно измиче сећању, титрао је у јари преподневног сунца као светионик који се указао изгубљеним дечацима из барака на брежуљку. Иако се чинило да ходам у месту, знао сам да је то само варка ума гоњеног жељом да се што пре спустимо у вртлог шатри, вреве, деце и људи. Подизали смо патике чије је ђонове неко напунио оловом с упорношћу оних којима је обећан магични сан прижељкиван годину дана.

И, иза кривине код поште, бука постаде тако јака да није било сумње да смо се докопали сладоледа, рингишпила, шећерне вуне, зида смрти, крушке за боксовање, намирисаних девојчица, њихових мама одевених у тесне деколтиране хаљине, мириса роштиља, кловнова и мађионичара, реке људи што се ваља без реда, да смо стигли у срце велике светковине, чији се дух може удахнути само тог дана.

Пред нама је блеснуо сам живот, а ми смо, иако премлади да бисмо били свесни тога, ипак наслућивали да су то последњи дани и да нам их је неко подарио, иако су сви говорили да деца из барака немају никакву будућност. Ово нам је припадало и то смо зграбили снагом утопљеника што се хвата и за најмању наду док тоне у дубину.

Доле, у дну вашаришта, сељаци су довели краве, коње и другу стоку и трговали сјајних лица, ударали јако шаком о шаку приликом погодбе. Када би ветар дунуо из тог смера, наносио је вику сточара и смрад животиња. Рикање, њискање и свако друго оглашавање уморне марве уносило је још нових особених звукова у општу гунгулу на широком простору које је заузео вашар и његови посетиоци.

Зато су нам поцрнела лица обасјавали осмеси, зато смо смело корачали кроз гужву високо подигнутих глава; једино смо ми знали да је читаву ову грандиозну позорницу неко поставио за нас, за младе глумце које су сви унапред отписали. Смело смо гледали свима у очи, намигивали окупаним девојчицама, клањали се театрално њиховим мамама и довикивали се с Циганима преко брдā њихове безвредне робе коју су довукли неухрањени коњи. Удисали смо снажно јефтине мирисе девојака и жена; они су нас дражили и потицали на нова лудирања; у лепљивој опојности која се разливала с ознојених, дотераних жена наслућивали смо тешке, нама још недоступне плодове.

Викали смо једни другима у уво не трудећи се да кажемо ишта што би имало смисла, уживали смо у томе што тој немогућој грају додајемо још неки тон.

„Види ону!"

„Хеј, госпођо, купите и мени сладолед, узећу вас да ми будете мама!"

„Простаци, немој да се окрећеш, добићеш ћушку! Мангупи, ма немој се окретати, рећи ћу тати."

„Хеј, поклони ми кику, имаш две!"

„Ено стрељане, ја први гађам. Е Циго, овога пута ћу ти покупити транзистор. Сећаш се прошле године..."

„Рингишпил, рингишпил! Једна вожња, један динар!"

„Само за храбре, зид смрти само још данас у вашем граду, а сутра већ у Београду! Приђите и уверите се у..."

„Одох ја на велики рингишпил!"

„Чекај мене и ја ћу!„

„Ма, идемо сви. Ко последњи стигне, плаћа!"

Точак рингишпила лагано је почео да се окреће, а људи и читава околина претапали су се у густу масу која се окретала у супротном смеру. Чак су се и звуци утишали, као да нас је справа пренела у неку другу димензију. Ми смо се одбацивали и правили разне вратоломије, док је светина испод нас полако постајала једна шарена трака у чије је постојање било све теже поверовати. Изгледало је да ћемо налетети на кровове оближњих кућа или на гране дрвећа; онда нам се учинило да стојимо док је читав свет неко завртео око нас; при највећој брзини, били смо цареви на престолима, док се далеко испод нас маса поданика извијала укруг у безуспешном покушају да нам се приближи и ода почаст. Али, кружење је слабило и ми смо поново почели да распознајемо људе с којима смо се сретали на нашим лутањима по граду. И пре него што се вртешка зауставила, искочили смо и трчали даље док је човек испод рингишпила нешто викао.

Јурцали смо около а време је застало. Стајало је као да се ужарило и испарило под немилосрдним сунцем. Ми смо желели да јунски дан вашара продужимо у бескрај, да увек трчимо зајапурени у вреви свечано обучених људи, међу свим тим дивним, шареним стварима што се нуде очима. Умах сам осетио како ми срце махнито бубња, како ми се завртело и замрачило негде у глави. И као да је нешто недостајало да тај дан буде комплетан у непојамној срећи, трчали смо, гурали људе, кревељили се, а све у покушају да појачамо доживљај. Нисмо знали шта радимо, шта говоримо, препуштали смо се врви масе и лелујали кроз њу као кроз таласе.

Мора да смо изгледали страшно изобличени у настојању да учинимо нешто још луђе, још чудноватије. Тада нам то није било важно, људи нису имали лица, изгледало је да носе маске на којима је вешто или мање вешто уловљен и залеђен израз радости, притајене туге или тупе равнодушности.

Јара се мешала с пепељастом прашином која се подизала с тла и та мешавина ме опи снагом мириса и дима неког источњачког опијата. Осим бола у ногама који и није био бол, осим шарених и ситних предмета који су ми играли на мрежњачи ока, осим неког бруја који се појачавао и стишавао, нисам могао разазнати ништа. Знам да сам тада осетио како сам најближе што могу пришао бесконачној срећи, блаженству ума и тела уроњеног у живот као у воду очишћења.

На темену ми се коса палила од топлоте коју је сунце немилосрдно исијавало на нас, као да нас том жегом жели казнити за неки учињен па заборављен грех. У једном моменту помислих да ће нам истопити мозак и запалити удове и да читав вашар може, са свим тим блештавилом због којих је тако диван, постати прах и ништа.

Али у мојим очима и очима мојих другара још је блистала нада да се све ово некако може продужити до у бескрај. Очи се нису предавале, оне су гладно упијале слике света у његовом најсветијем виду, живот брушен као најлепши дијамант, руком најбољег мајстора, онај живот кроз који су се преливале најлепше боје. Свако од нас, понижених дечака из барака на брежуљку изнад града, пожелео је да чврсто зграби тај дијамант и побегне.

Прашина је лагано али постојано прекривала финoм копреном белину кошуља, зеленило траве и лепила се на ознојена тела. Негде одмах након поднева врелина поста тако тешка да су људи склањали своју децу под крошње дрвећа. Машина светковине која се покренула у рано јутро као да је губила снагу и почела да посустаје; на тргу оста тек неколико најупорнијих и старе Циганке за тезгама које су ту оставили њихови мужеви и синови отишли да се напију под шатром. Оне су пушиле и безвољно терале муве што су их салетале. У часу када је магични организам вашара био на врхунцу био је и на путањи која је водила ка свом крају, али како смо то могли знати ми, дечаци из барака на брежуљку? Један, само један млаз хладног ваздуха проструја кроз светину. Осетили смо бес и намирисали семе подмукле издаје.

Небо над нама се затворило, наједном су га прекрили црни велови, пала је неочекивана сенка на рањиво тело наше светковине. Коњи и друге животиње подигоше главе зурећи тупим погледима негде горе, у црнило облака. Пси су негде бесно лајали, коњи се пропињали и њиштали а народ занемео као пред неким страшном судбином којој се не може умаћи. Муње расекоше таму својим врелим мачевима. Видесмо ужас на многим лицима и уплашисмо се и ми, деца из барака на брежуљку.

Изгледало је да громови туку одмах ту поред нас, да ће нас распорити изненадни гнев природе. Ја нисам био уплашен колико други, већ бесан због пропалог празника; у мени је нарастала мисао да ће се све једном прекинути, да нема смисла и да нико не зна да ли га је икада и било. Доћи ће олуја и нестаће предели, свадбе и сахране, села, градови и људи у њима.

Чуо сам гласове док сам стајао под побеснелим небом и док су капи страшном снагом пљуштале по мени. Вода је долазила одозго као потоп. У том тренутку замишљао сам да се читав свет посувратио, да је закорачио у свој одраз у огледалу, да се изокренуо лако као рукавица. Као да је оно што је било доле, неким чудом, одскочило горе, а оно одозго се спустило, па смо остали у равни где јесмо, газећи небо и зачуђено зурећи у тврдо тло изнад себе.

Вода ме запљускивала као да сам скочио у реку, у неки дубоки вир из кога се не може изронити; губио сам дах и тетурао се, али нисам падао. Хтео сам да останем и пркосим тој сили јер је она дошла непозвана, јер нам је она прекинула сан.

Онда се све избрисало и ништа више није постојало: умрли су звуци и боје.

Пробудио сам се и угледао око кревета радознале очи браће, сачинили су круг око мене као да испитују понашање неке уловљене, непознате животиње. Уста и ждрело су ми се осушили као да сам препешачио пустињу, нисам могао да изустим ништа док су они и даље зурили чудећи се што сам отворио очи. Некако ми се враћала моћ говора и хтео сам да викнем, али је то било само слабо стењање. Ипак су чули:

„Жедан сам, хоћу воде. Што стојите, будале, зовите маму!"

Након још неколико тренутака мртвила, позваше мајку и ја је угледах на вратима док су се на њеном лицу борили осмех и плач.

„Сине, много смо се уплашили за тебе, горео си два дана."

Хтедох да кажем да је мени било лепо, да сам за време несвести видео лепоте какве никада нисам и какве сигурно више никад нећу видети. Те слике беху тако јасне и верне да нисам сумњао како је то стваран свет, скривен од овог свакодневног, али паралелан с њим, свет који постоји тик до њега, само безбрижнији и без тежине. Био сам тужан јер ми је садржај мојих сновиђења стално измицао, био сам близу да их поново поновим у свести, али је та близина била бескорисна јер сам остајао изван. Ипак, још дуго сам се напајао милинама којих нисам могао да се сетим. Оне су остале у мени попут тајног блага до кога се не може допрети, о чијој вредности и лепотама све знамо, осим да ћемо га икада моћи изнети и показати другима.

И онда су почели да теку мирнији дани. Ми смо расли док су нам родитељи изгледали умањенији, као да смо неком чудноватом магијом отимали од њих животну снагу и уграђивали је у своје кости и мишиће. Некад ми је било жао због тога, али би тада негде из стомака надошла нека снага која се разливала телом попут милине и као да ми је дошаптавала: лепо је бити млад и здрав. То осећање које беше потпуно телесно касније сам доживљавао све ређе а данас се оно потпуно угасило, као да га никада није било.

Времена су била оскудна али се чинило да се сиромашни оброци које смо добијали, а понекад се и отимали око њих као вукови, неком блиставом хемијском реакцијом претапају у снажна мишићава тела. При једном случајном погледу на огледало у мајчиној соби, схватих да више нисам онако језиво мршав;

сада су се испод тамне, вечито сунцем опаљене коже, назирали вретенасти мишићи како се испреплетани увијају око костију које се више нису назирале. С тим бујањем поче се јављати мутна жеља да се надошла снага негде прелије и тако утоли потреба за смиривањем тела, тела које нас је прерасло и којим нисмо могли у потпуности да управљамо. Али, онда још нисам могао знати да то личи на узалудан напор да се жеђ угаси морском водом.

Лета су била тако врела да се биоскоп селио напоље, на зид Задружног дома. Док смо били само дечарци, гледали смо чежњиво с брежуљка левак светлости који се из једне тачке ширио на платно препуно разливених облика и боја. Зрак из пројектора се на зиду претварао у разнобојни правоугаоник на коме нисмо могли разазнати ништа.

Бараке су биле непосредно изнад зграде Дома, па ипак ништа се није распознавало, једино се могао чути понеки јачи пуцањ или узвик. Дуго је биоскоп у нашим свестима био повезан с тим магичним снопом светлости што пада на сиви зид и често бива прекидан димом цигарете. Све што нас је чекало у будућности долазило је до нас раније, пречицом, кроз приче старијих дечака које смо слушали до дубоко у ноћ. Њихова спремност да се хвалишу и наша да слушамо склопиле би савез и ми смо многе ноћи, навлачећи рукаве због росе, преседели на влажној трави игралишта и упијали те приче којима није било краја. Оне су се после у нашој свести мењале, увећавале или смањивале; додавали смо им наше жеље, интересовања... Румен јутра дизала се бојажљиво и бојила исток пурпурном маглином. Прошле су године, још од времена док смо дангубили на железничкој станици а да нисам гледао рађање дана. Ово би морао бити посебан дан; и биће, без обзира на то како се заврши – на њега сам чекао петнаест година. Нисам сваког дана мислио на њу, ни сваког месеца, али је потреба за сусретом с њом расла у мени као подмукла болест. Данас ћу поново видети Секу.

Кап кроз коју се преломио зрак у лук мајушне дуге бубрила је већ доста дуго на врху латице купине у цвету, натапала се с још течности и онда полако почела да се одваја и пада у траву, где се помешала с другим капима росе. Горе се јави задњим хуком сова пре него што одлети у гнездо након ноћног лова. Јутро је било свеже, чак прохладно; хладноћа се могла омирисати док се спуштала с брежуљка и долазила одоздо из корита сањиве реке, с друге стране. Стајао сам на темељу разрушене бараке у којој смо живели, на месту где је био мој кревет, и посматрао још успавани град. Понегде се палила сијалица; гледао сам тихо дишући као да је испод мене детенце за које се бринем да га не пробудим. Доле ниско, натопљен росом и сланом, блистао је окупан и осунчан град. Његова невиност изгледала је непорецива, а његов мир мир праведника.

Бараке су порушили пре неколико година и ту је требало да се изгради нов хотел, али пошто општина није имала новца, успели су тек да поруше зграде; од шест срушених барака остали су само камени темељи у којима су се множили гуштери и змије. Још док смо ми овде живели, људи из града су ретко долазили на брежуљак, а сада су се још и грозили и бојали тих гмизаваца, иако је једино одавде место изгледало лепо.

Зашто сам се вратио? Могло је све остати онако како је било свих ових година када је време полако отицало и таложило се иза наших леђа. Нагон за повратком је увек долазио пред почетак лета, када дани постају топлији и дужи. Зној који ме је обливао постајао је леден; ја бих застао и, попут човека чија се давнашња болест изнова буди, осетио неиздрживу бол у желуцу. Она ми је одузимала дах и мрачила свест, осећао сам туђе руке у утроби како ми полако откидају месо, могао сам се смирити једино ако легнем и увијем се попут ларве црва у чаури. Лекари нису пронашли никакав физички узрок те изненадне боли. Временом сам наслутио да ћу пре сам погодити о чему се ради; учена медицина ту није помагала.

И када сам се коначно нашао овде, изгледало је да почињем нечега да се бојим, нешто се имало десити што нисам планирао. Али бура повратка је брзо прекривала тај лахор сумњи и опет је дан сијао и био чистији него пре доласка.

Истовремено, у мени је зрила још једна, можда страшнија помисао, она да је читав мој дотадашњи живот тек један низ обмана, да ни у једном моменту нисам умео да учиним оно што је требало. Све чешће ми је неко дошаптавао како је моје трајање једна растегнута лаж, а пошто то сам не увиђам, живим у њој природно као свиња у својој каљузи.

Оно што сам радио, слава и љубав навијача, мој брак, па и само моје лице и тело, почеше да губе смисао и циљ. И док сам бесомучним сумњама добовао по њему, живот је одјекивао шупље у суровој игри у којој једна реч узвикнута преко понора одјекне другачије, бесмислено и неподесно. Увек се испостави да онде где је наизглед има превише, љубави уопште нема, само се превише добро игра игра живота; она вам узврати лажном хармонијом јер сте маестрално погодили такт.

Имао сам једну закониту и онолико других жена колико сам могао поднети, али је један потказивачки глас шапутао да немам ниједну. Од тог мноштва мени је била потребна једна, она која ми је припадала још од тренутка када се родила, она коју нисам познавао толико година, али чије непознато детињство и девојаштво воде само мени. Сви људи једном, али само једном, добију прилику да зграбе у загрљај ту особу и да је, законом од Бога и природе, никада више не изгубе. Поред других сумњи, изгледало ми је да сам олако пустио своју судбину и побегао далеко. Те мисли нису увек биле тако јасне, али су се коначно искристалисале у туробну громаду сумње која је бацала мрачну сенку на сваки мој корак и дан.

Имали смо четрнаест година, али нисмо знали шта бисмо са собом: лутали смо ноћима без циља. Били смо попут расипника који се разбацује својим иметком не верујући да једном може доћи дан када ће се узалуд окретати тражећи га. Младост се онда чинила тако неисцрпном да нам је постала готово досадна, чинило се да смо вековима млади и да је време успорило свој ход и готово се зауставило.

Пре много година, на прагу лета, годину дана након Светског првенства у Немачкој, дошла је у наш град и наше животе девојчица коју су сви звали Сека. Чинило се да не воли своје име и свуда се представљала тим надимком који јој је заувек заменио крштено име.

Урош и ја седели смо на ивици моста ногу провучених кроз решетке и такмичили се ко ће пљувачком погодити неку рибу из јата чија су се пругаста леђа јасно назирала у сенци зелене воде. Рибе црвенкастих и смеђих крљушти се нису обазирале на наше покушаје, нису се чак ни удаљавале од пљувачке око које су се полако образовали концентрични кругови. Напољу је, по обичају тог лета, било несношљиво врело, а пошто је ујутру летња кишица оросила земљу, од испарења се скоро није могло дисати. Још јуче смо заказали утакмицу с оним мекушцима из града у гајбу кокте; мамине мазе, наравно, нису дошле и ми смо покушавали да некако убијемо досаду. Рибе, велике и мале, и даље нису хајале за нама па смо се разбеснели и отрчали по камење. И тек кад смо их почели гађати, завукле су се у шупљине и травуљину под мостом. „Ето тако!", викали смо у тријумфу, да бисмо већ наредног тренутка псовали јер смо отерали једину забаву коју смо тог дана смислили.

На станици преко пута зауставио се аутобус и ми смо се манули риба, почевши пажљиво да посматрамо ко све излази из возила. Иза неке бабе која се због дебљине тешко спуштала низ степенице, угледасмо огроман црни кофер, а одмах иза њега девојчицу наших година како га гура сва зајапурена. Кофер тресну о земљу кроз врата аутобуса. Девојчица је искочила за њим љутито довикујући нешто возачу који је мирно наставио даље. Она одвуче кофер с коловоза и стаде се окретати лево и десно, па, најзад, превише уморна за ишта друго, седе на онај кофер и замишљено наслони главу на руке. Седела је десетак метара од нас, али није гледала у нашем правцу, у ствари није гледала нигде, осим у своја стопала.

„Ко је она, да ли је знаш?", запитах непрестано осматрајући непознату девојчицу.

„Није одавде, то је сигурно, јер бисмо је виђали у школи", одговори ми Урош мирно. Њега као да је изненадни долазак плавокосе придошлице мање узбудио него мене; ипак је и он гледао заинтересовано.

„Тежак кофер, да јој помогнемо?"

„Па, хајдемо", рече он мало постиђен.

Док смо јој се приближавали, уочавали смо све више детаља на усамљеној путници. Коса не само што јој је била боје светлог меда него се попут гриве спуштала до средине леђа. Лице јој беше понешто бледо, али с постојаним руменилом на буцмастим образима. Била је веома лепа, можда најлепша девојчица коју сам дотада видео.

Зачувши кораке, она полако подиже главу и погледа нас неповерљиво; ни онда а ни касније нисам био сигуран да ли њене очи нагињу ка браон или зеленој боји. Свеједно, биле су толико крупне да се чинило да заузимају половину лица. Изгледале су помало тужне, чак и док се смеје.

„Здраво", поздравих је искрено, „реци нам где си кренула и ми ћемо те отпратити, наравно, понећемо и ову коферчину, изгледа тешко."

И даље нас је посматрала сумњичаво, попут детета ухваћеног да чини нешто лоше или попут животињице притеране уза зид али спремне да се бори до краја. Ћутала је.

Рекох своје име. „А ово је Урош, он је мој друг, завршили смо шести разред а станујемо горе на брежуљку." Нисам помињао бараке јер нису биле нешто чиме бисмо се могли похвалити, нарочито не пред овако љупком девојчицом, мада ће она већ сазнати где живимо па нас неће можда више ни поздравити. Додуше, то није учинила одмах ни кад смо јој се обратили, али је изгледа у нашим речима ипак препознала неспретну дечју учтивост и спремност да се помогне.

„Здраво, ја сам Сека, живим у Београду. Моји су ме послали саму код баке и деке, а ја не знам како да дођем до њихове куће јер смо раније увек долазили колима."

„Колима!" Викнусмо углас као да нам је саопштила да користи тек одскора конструисану направу. Били смо изненађени јер дотад нисмо упознали никога чији су родитељи имали своја кола; о њима смо потајно маштали излежавајући се на плажи или док смо дочекивали зору на железничкој станици.

Њен одрешит и слободан начин на који нам све то саопшти, иако је очито била у непријатној ситуацији, изговор којим је наглашавала речи тако различит од нашег негде дубоко у мени изазваше мешавину поштовања које иначе нисам гајио према девојчицама и стида да не испаднем смешан у тим крупним, сјајним очима. Урош је изгледао мирно, готово незаинтересовано и није ништа проговарао, као да је гледао негде кроз чаробну појаву ове девојчице. Иако сам ја непрестано брбљао, она скоро сву пажњу усмери на мог ћутљивог друга, приметих љубоморно.

„А да теби није маца појела језик", обрати му се коначно. Урош приметно поцрвени и промрмља нешто што није имало смисла, а Сека се насмеја из дубине стомака, док јој очи још јаче засијаше, на шта овај, на моје задовољство, сведе главу и поцрвене још више. Убрзо сам се покајао што сам хитро прискочио да прихватим кофер: док смо ходали ка згради општине у чијој близини беше кућа Секиног деде, добијао је на тежини и ја сам узалуд мењао руке, његова тежина их је извлачила из рамена. Љутито сам посматрао њих двоје подаље испред себе како ходају напоредо као стари пријатељи. Урош се ослободио почетне збуњености и показивао је руком час на једну час на другу страну, описујући наш градић. Сека беше његове висине и крупна колико и он, што ми је било чудно јер смо ми децу из великих градова замишљали као закржљалу, болешљиву и бледу. И они су о нама имали своје предрасуде које смо им ми избијали из главе својим чворноватим песницама. Бејасмо два света као да смо долазили из различитих држава.

Оно двоје испред чаврљало је као да се познаје годинама; ја сам заостајао и тихо псовао јер сам сâм себи био смешан док сам каскао узалуд се трудећи да их сустигнем. И тек тад ми пуче у свести она изрека коју сам једном на станици чуо од једног старца: „будалу и везано куче уједе!" Ко ми је крив што сам се одмах тако испрсио и прихватио кофера да покажем снагу; Урош се правио луд и тек кад се приближисмо кући, он се окрену:

„Да ли можеш, или ћу ја морати да ти помогнем?"

Рекао је то тоном који му дотад није био својствен а у погледу му је искрило нешто што ми је онда личило на ликовање, на лаку победу, нешто налик лукавству старијих. Лице ми букну, одбрусих нешто стењући. Чинило ми се да у моје тело, одоздо па навише према глави, надолази неко жестоко осећање, мешавина зависти, љубоморе и мржње.

„Ма носи се ти, твоја помоћ и та београдска пудлица. Будало, па се опет гурај где ти није место", говорио сам себи у браду.

И тако они неколико минута пре мене прашњавог и црвеног стигоше до куће судије Симоновића. Она отвори шкрипаву гвоздену капију и позва нас да уђемо. Да нисам био преморен и жедан, никада ми не би пало на памет да привирим у двориште судије који је много људе послао на робију, бар се тако говорило о њему у баракама на брежуљку.

Док сам спуштао кофер да тресне о бетон испред улаза, појави се тај огромни старац и стаде нас строго одмеравати. Девојчица му се обисну око врата, али је он преко њеног рамена стрељао очима на нас.

„Секо, шта ћеш ти с овим вуцибатинама. Да ли ти је твоја госпођа мајка казала да се не дружиш с уличарима, а вас двојица марш кући, ма марш у бараке међу пацове и ваши!"

Сека нас је гледала као да ће заплакати, а ми нисмо губили време, већ смо замакли за улицу која води ка брежуљку. Прво осетисмо бес, а онда се он, као да смо већ одрасли људи, претопи у мржњу, чисту и трајну. Мрзели смо тог уображеног дебелог човека јер нас је погодио онде где смо најслабији, где ударац највише заболи: у наше сиромаштво, којег ми сами нисмо били свесни, нити смо га сматрали битним све док нам други нису почели указивати на њега. Најбруталније је то учинио овај дебељко који је сматрао да и ван суднице може безосећајно судити о другима. Његов надувени трбух постао је временом заклон истурен испред а служио му је као уверљив симбол премоћи над онима које осумњиче за неки преступ.

 Моја мржња није била жарка, више је наликовала постојаном леду на далеком северу. А оно што ју је уздигло степен више беше стид што смо тако понижени пред непознатом девојчицом, која се мени допадала више од свих које сам до тада упознао.

Пожелех да се осветим том надувенку; она ледена мржња ми је дошаптавала да му заријем нож у трбушину и гледам га док зури у мене и пада носем у прашину. Чак сам почео да смишљам план како ћу то извести. Урош је такође био погођен, али није желео да прича о томе, зато му нисам ни поменуо своју убилачку намеру; био је исувише мекан да и чује тако нешто.

Секу нисам виђао неколико дана, све док није дошла на плажу са судијом и његовом смежураном женом. Повремено је дизала главу и преко дединог црвеног стомака погледавала у правцу где смо лежали; израз њеног лица говорио је да јој је жао, али мржња се у мени тако дубоко укоренила да се ниједна црта мог лица не помери, нити у осмех нити у љутњу. Изгледало је да сам претворен у камени кип у коме одзвањају валови мржње. Урош јој је махнуо, а ја му добацих нешто и он окрену главу. Врелина ваздуха није нимало могла да одледи згуснуту грудву мржње у мојим грудима којој, толико сам могао обуздавати себе, нисам дозволио да избије и покаже се. Сваког часа тих дана, свака моја мисао тражила је задовољење те мржње чији је обим растао и почео да ме гуши док сам се будио у постељи натопљеној знојем у спарним ноћима.

Од ножа сам после неког времена одустао, али од освете нисам могао. Дебели није чак ни гледао на нас, пржио се на сунцу не знајући да у његовој близини лежи неко кога је смртно увредио. А и зашто би, тако је чинио читавог живота и нико му није узвратио. Но никада то није смео учинити некоме од проказаних дечака с брежуљка, синовима поцрнелих рудара, натрпаних у дрвене бараке у којима се људи лети топе а зими леде од ветра који се упорно пробија кроз невидљиве пукотине црвоточних дасака. Један од њих ће му узвратити таквом силином да ће добро промислити пре него што ишта слично каже некоме, ако још буде могао да говори.

Само да је неко тих дана могао завирити у мој ужарени и заслепљени ум, запрепастила би га навала мржње, мржње за коју сам веровао да је мржња праведника.

Прескочио сам ниску жичану ограду иза куће и бацио кост судијином псу. Док је животиња гризла кост покушавајући да из ње исиса срж, увукао сам се у голубарник и осетио мирис голубијег измета. Посматрајући те невине птице како мирно спавају с главама испод крила бакарне или црне боје, за тренутак посустах у својој намери. Уснули голубови у малим гнездима изазивали су дивљење: перје им се пресијавало на месечини, а ћубе штрчале увис, показујући да се ради о племенитој раси способној да се приближи небу.

Али мржња је и даље кључала и вапила за казном. Полако сам, врло нежно, узимао једног по једног голуба и завртао му врат; птице нису ништа осетиле, тек би мало залепршале кад сам им кидао вратне жиле. Њихов лепет био је тако тих да није будио остале. Скоро сам био при крају кад проклети пас поче бесно да лаје пошто је прождрао кост. Требало је да понесем још једну-две!

У кући се упали светло, зачуше се гласови. Грозничаво сам настављао посао због кога сам дошао; пресуда је била извршна! Последњег голуба, црног попут гаврана, пољубио сам у главу и смирио јаким заокретом; у том часу приметио сам дебелу прилику како се приближава. Док сам прескакао ограду, зачуо сам најпре запомагање, а затим кркљање и стењање. Осетио сам нешто налик телесној наслади у пределу трбуха. Освета је слатка.

Сутрадан је читаво место брујало о томе да се судија Петар Симоновић шлогирао угледавши помор својих љубимаца у голубарнику. Нисам се кајао, размишљао сам да ли је требало да изгазим и оно неколико јаја што је остало још топло у гнездима. Осетио сам понос, снагу, помислио сам да могу да учиним све што пожелим; у таквом расположењу изашао сам међу људе надајући се да ћу успут срести Секу и питати је како јој је деда.

Градић је имао мали ограђени трг с црквом, судом и школом; није то било место без шарма и лепоте уморног, дотрајалог насеља смештеног између средње Европе и Медитерана. На том тргу сам сачекао Секу после свих тих година; била је педијатар и радила је у Дому здравља.

Почео сам трапаво да трапавије није могло.

„Прођу године и дођеш у овакав положај."

„Какав?"

„Да гледаш у туђе прозоре."

„Да гле... Ма дај, како то причаш, да ли си то научио у Италији? И шта си ти, фудбалер или нека врста самоуког филозофа? Идемо, хајде идемо горе на брежуљак. Хајде, одозго се најбоље види град."

„А да ли се одозго може сагледати и прошлост?"

Гледала ме као да сам пио. Помислих тада да сам можда преценио њен интелект док смо били деца. Од ње сам научио да постављам таква питања; она је то често чинила у прошлости.

„Опет почињеш, идемо и не морамо ништа говорити. Понекад речи само збуњују. Идемо."

Пошли смо заједно, мада се мени чинило да идемо тек једно поред другог, да она иде горе ка брежуљку наше младости, а ја у понор који се овога пута налазио горе, у који се тог трена требало попети, али му то нимало није одузимало страшну дубину из које се тешко назирала луча излаза.

Пут још нису асфалтирали па је њен ход у дрвеним кломпама, које су, изгледа, волели да носе сви лекари света (сећам их се и из италијанских болница), звонио равномерно калдрмом преда мном као да ми је потребан водич да ме одведе на место где сам рођен и где сам живео.

„Када се то десило, с Урошем, ја сам била тужна. Не само тужна, била сам убијена, мртва за живот неколико година. Ти си отишао у Италију и ја сам остала овде сама, без пријатеља, а другарица никада, то и сам знаш, нисам имала. Чудно је то како се човек брзо навикне да неко нестане из његове околине, да га не виђа више, не разговара с њим. Мени се десило да сам остала не без једног већ без двојице пријатеља. Обојица су нестала без трага, један у времену, други у простору. Остала сам сама испод неба у месту где све опомиње и боли."

„Била сам пуно пута горе после рушења барака. Бараке су срушене тако да се јасно види под, распоред просторија, као када у дечјој игри неко подигне кров кућице и завири у унутрашњост собица и тамо угледа лутке укућана како седе или спавају. Имала сам привилегију да завирим у један живот који ме је одувек привлачио, али ми је био забрањен. Долазила сам у ваше собе, твоју и Урошеву, замишљала кревете и како лежете касно увече, тачније, рано ујутру, и брзо заспите. Смешно, понекад бих легла у те измаштане кревете и гледала у облаке слушајући звуке живота испод пода, слабу буку коју су правиле хиљаде грозних инсеката гризући и стружући, ломећи и савијајући материју старог дрвета. Мрави су излазили и зачуђено ме посматрали питајући се какав је то чудни створ дошао у царство буба и гмизаваца. Под је од дасака које су на многим местима одваљене и идеално су тло за мишеве, змије и безбројне друге животињице које гамижу испод њих. Чудно, још дуго се могао разазнати распоред намештаја јер су места где је он био остала тамнија."

„Док сам одлазила горе сви су ме гледали сажаљиво мислећи да сам изгубила разум или да сам девојка без части. Али мени то никад није ни било важно. Ја знам ко сам и каква сам. Ти, такође, то знаш. Не могу да поднесем додир људске коже, то је попут контакта с телом змије или гуштера. Добро, можда не баш тако, али, свеједно, то не бих могла да поднесем. Ко би желео такву жену за себе, жену којој је мрска и сама помисао на оно што се очекује од ње у браку."

Гледао сам у њу пажљиво док је говорила, њена фигура остала је иста, девојачка али нешто снажнија, лице је издалека имало онај израз паметног девојчурка, али се та слика ломила када бисмо се потпуно приближили. Око њених очију плела се мрежа финих борица и након сваке завршене мисли запажао сам, у десном углу њених усана, малу гримасу која је могла значити потврду изреченог или иронију или, можда, скепсу хоће ли њене речи бити правилно схваћене, можда и немар према њима и њиховој моћи.

Остала је лепа на онај начин из прошлих дана када сам мислио да је она најлепше створење на свету, а други су ме гледали и слушали као да их се то не тиче. Да је нисам волео, ни онда ни данас, прошао бих равнодушно поред ње као што пролазим поред многих девојака и жена које су некоме све а мени ништа.

Сунце се, корак по корак, пењало напоредо с нама. Чудило ме је да нисам више могао осетити снагу његових зрака онако непосредно, онако јако као некада. Изгледало је да је одонда и оно изгубило моћ коју је имало и коју је просипало одозго на нас. Сека је ходала уз мене, могао сам чути њено убрзано дисање, али је била у одличној форми; како би се то казало у фудбалском свету, била је утренирана. Рекох јој то.

„Нема у томе неке велике тајне, пешачим до посла и назад. Овде још увек пешачимо за већину послова а негде, чујем, не излазе из аутомобила."

Нисам одговорио а нисам ни био сигуран да у томе нема мало подсмеха. Зато застадох и окренух се да учиним оно што сам чинио толико пута у мислима: моје очи угледаше предео који је дуго био похрањен у њима.

„Долазила си", рекох кратко. Нешто ме је поново шчепало за грло и, мада сам се трудио да ми глас буде миран, нисам могао изустити више од неколико обичних речи, оних које нам ум брзоплето дојави када смо у претераном узбуђењу или у великој тузи или радости, а којих се касније срамимо. Нисам желео да се одам, да се разголитим као што сам то чинио раније. Па ипак, и након толико година, имао сам оно старо осећање несигурности пред њом, као да нисам зрео човек, већ опет онај дечак из барака с брежуљка.

Кад смо стигли у близину порушених барака, ћутећи се окренусмо ка граду; зачудило ме је колико је мали. Поред тога што су се по ободима низале нове куће на којима се црвенела опека, град је подсећао пре на овеће село у чијој близини споро отиче река него на град са сплетом улица и великих кућа. Па ипак, све је било ту: и звоник цркве, огромна сива зграда суда, наша школа у облику ћириличног слова „г". Железничка станица је одозго личила на дечју играчку бачену подаље од других здања; подсећала је на удаљену караулу, док је пар бљештавих шина могао лако бити граница. Куће су потонуле у раскошно зеленило дрвећа, једино су стамбене зграде у центру вириле попут глава купача у дубокој води.

Све ме је то чинило зловољним, у мени је расла празнина и бојао сам се да ће Сека то приметити. Међутим, она је равнодушно посматрала градић у којем је изабрала да проведе живот. Можда је њена равнодушност била добро глумљена; ја то нисам могао знати, а било би непристојно питати је у том тренутку зашто је од свих континената, од свих држава и мноштва места у њима, изабрала управо ово да живи у њему. Али решио сам, као што неки записују будуће обавезе у подсетник, да запамтим ово питање за неку погоднију прилику. Одлучих да будем весео.

„Ако и нисмо имали ништа друго овде горе, нико не може рећи да ово није најбољи видиковац у читавом крају." Она се искрено насмеја и рече да су тада сви некако били врло сиромашни, али да то није било важно као сада.

„Сиромаштво је увек важно", излете ми пре него што сам стигао да прикријем горчину изговореног.

„Да, мислим да могу да замислим како вам је било", одврати Сека.

„Желела сам да кажем како све оно што се десило дубоко у прошлости у садашњости задобије неки ведрији тон и да смо спремни да заборавимо све што је било лоше." То је био први пут да се она правда за нешто и у тај час помислих да се и она мало изменила. Било би право чудо да је остала иста као пре петнаест година и да ме сачекује као да њен живот није текао својим током, чији правац и смер ја нисам познавао иако сам стално мислио на њу.

Хтедох да кажем да је мени било углавном лепо а да су ми моје сиромаштво показивали други, они чије је богатство управо требало да их сачува од грубог подсмевања према онима без ичега. Онда нисам знао да је степен њиховог задовољства собом могао бити већи само ако би показали онима испод себе у каквој се беди налазе. Стално ми је не врху језика титрало име њеног деде, али одлучих да будем паметан и да оћутим. И урадио сам добро, разговор се настави без зидова и ограда. Причали смо журно, нарочито ја, као да ће ми Сека побећи или као да ћу се ја поново изгубити. Речи су куљале и открих да сам годинама класификовао питања која јој морам поставити и да ми ниједно није промакло. Сва она су редом била упућена тој помало збуњеној жени која се засигурно осећала као да је на испитивању у полицији или суду. Упитах је изненада:

„Секо, да ли сам се пуно променио?"

Она се благо насмеши.

„Ниси, не бар онолико колико сам очекивала, згодан си мушкарац и сигурно се свиђаш многим женама. А допашћеш се и овим нашим, не разликују се жене пуно, готово уопште. Знаш за ону шпанску пословицу: онај који има једну жену има све жене, а онај који има све жене нема ниједну. Јеси је чуо некад?"

„Нисам, али ми звучи лепо, хоћу рећи, тачно. Да, звучи логично и врло истинито."

„Од самог почетка хоћу да те питам шта ти је с лицем, сав си у ожиљцима, да ли си тамо играо фудбал или боксовао", упита смешећи се оним својим финим дискретним осмехом.

„Фудбал је суров, вероватно један од најбруталнијих спортова. Док у рингу судија стоји врло близу боксера и види сваки недозвољени ударац, на терену нас нападаче противнички играчи у одбрани гребу, штипају, мучки ударају лактовима, главом у скоку, чак нас и гризу. И то судија обично не може видети. А тек ударци ногом! Њих и не рачунамо. Сваку пару сам крваво зарадио, после сваке утакмице читаво тело ми је изубијано и плаво, као да сам прошао кроз полицијску тортуру. Многи виде само нас неколико што смо у првим лигама док за армију оних што се ломатају по другим, трећим и ко зна којим све нижеразредним такмичењима нико не жели да зна. А и они проливају зној, туку се и кидишу једни на друге у жељи да угурају лопту у гол. И није тако само у Италији, тако је и овде, у Шпанији, Немачкој, Француској, свуда. Ја сам један од ретких коме ноге нису ломљене, а и мени самом је тешко када морам да их погледам, не постоји милиметар коже а да није одран и зарастао у ружан ожиљак. Тако стоји ствар с мојим лоптањем", заврших, примећујући да ме Сека пажљиво и с разумевањем слуша.

„А да ли је увек било тако, да ли мора баш тако? Грубо?"

Покушах да се насмешим пре но што јој одговорих.

„Кратко је то трајало, толико кратко да ми сећање на то време личи на лепи, али заборављени сан. Једино што остане је неодређено сећање. Мени се то сећање везује за доба када смо трчкарали овде горе не брежуљку, иза оне најгорње бараке. Видиш ону зараван? Тамо бисмо се поделили у две групе, поболи кочеве и замишљали себе у дресу Звезде и Партизана. Трчали смо по читав дан а да нисмо осећали замор, давали, примали голове и смејали се гласно док нам је нешто, нека зажарена нада буктала у грудима. Тек сада знам зашто је било тако: играли смо за себе, само за нас и ни за кога више. Нису нас занимали ни родитељи, ни други дечаци из града, била је то једино наша игра, игра дечака с брежуљка који немају у животу шта да изгубе јер немају ништа. Нисмо играли за новац."

„Мада данас, кад боље размислим, могу се присетити да је неко од нас понекад стартовао оштрије него што је морао, да је други стиснуо вилице и ружно опсовао или шутнуо лопту у бесу далеко доле. Но, ни сви прсти на руци нису исте дужине, та злоба је била успавана и она, онда сам веровао у то, никада неће показати ружна лица наших родитеља када пропију плату и врате се у бараку с кајањем и бесом. То је био најгори коктел емоција, тукли су нас с двоструком снагом, један њен део био је упућен њима али је завршавао по нашим леђима. Тада сам се заклео да никад нећу постати такав, мада сам касније често могао осетити како у мени полако буја бес који се не може зауставити. Успевао сам да га победим тако што бих отишао у купатило и посматрао своје очи препуне мржње, лице црвено од надошле крви и жиле набубреле као у животиње. Пљускао сам се хладном водом и хладио врат дуго док је бес јењавао. Извини, мало сам се занео, не знам зашто све ово говорим."

„Допада ми се како причаш о свом послу. Фудбал, то је твој посао, зар не? Као што ја идем сваког дана у Дом здравља, ти одлазиш на тренинге и утакмице."

„Сваки посао, ма колико га у почетку волели, временом досади. Ја сам се заситио, нећу више играти. Сада ћу живети пуним плућима", покушах да разговору поново дам весео тон.

„Пуним плућима, да", врати се као ехо од ње. „Неки од највећих проблема настају када људи желе да живе пуним плућима. А где је граница том живљењу, шта ћемо с болеснима, несрећнима, гладнима, да ли и они имају исто право? Или своје мале, јадне животе морају водити у својим собама и могу само да провире кроз завесу напоље, у сјајне животе здравих и јаких. Како они могу волети, и кога? Ја не говорим о неколицини, говорим о армији несрећника које је живот одгурнуо у страну, они се не могу вратити у главни ток. Шта ћемо с њима?"

Помало збуњен том бујицом речи, нисам одговарао; нисам био сигуран да ли она то пита мене или је само реч о њеном уобичајеном следу мисли који је неопрезно исказала пред другим. Мало ми је ласкало што је то говорила мени – ипак јој нешто значим – о таквим темама не може се говорити пред сваким.

Време ми је клизило кроз прсте и односило оне тренутке о којима сам маштао, а овај наш сусрет био је прилично чудан. Сека је час била веома мила, час личила на странкињу, на некога коме се намеће улога коју не жели, неко пун очаја кога се више и не стиди. Можда она на тај начин показује своје узбуђење. Можда. Нисам могао бити сигуран ни у шта, али у шта се уопште могао човек поуздати на нашој леденој планети. Бројао сам тренутке који су преостали у страху да ћу чути како каже да мора поћи, да је чека нека важна обавеза.

„Могли бисмо полако да се вратимо доле, време је за ручак", рекох у покушају да ми глас зазвучи што равнодушније.

„Не морамо, останимо још", рече Сека са спокојем и директношћу толико различитом од кокетерије којој је склон њен пол.

„Како си живео, односно, како живиш, јер ти ћеш се брзо вратити тамо зар не?", упита ме док смо још седели неодлучни да кренемо. Ловио сам у боји њеног питања онај тон који је издаје, а мени указује да је у њему и притајена молба или нада да нећу поново отићи. Док сам мислио о томе, она се вероватно чудила зашто јој не одговарам одмах; гледао сам је у врат одмах испод ува где се спуштао један прамен отргнут из чврстог загрљаја бујне плаве пуње и где су ситне грашке зноја тонуле под руб кошуље. Видео сам и изражену жилу куцавицу како бије ритмично и дубоко: не, она је равнодушно поставила питање, као што заустављамо пролазника да га упитамо колико је сати. Приметих да се окреће ка мени с упитним изразом и ја онда погледах право.

„Тамо сам имао успеха, и то у толикој мери да то овде људи тешко могу схватити.“

„Немој их толико потцењивати, о теби и о твом богатству круже легенде. Свашта се прича.“

„Да, верујем да се прича све и свашта, али истину знам само ја. Колико је било тешко постићи све то, да те прихвате и... Ма рећи ћу теби: стекао сам мртве ствари и то ми није допуштало да ноћу мирно заспим.“

„Мртве ствари?“ Поновила је те речи као да је у питању некаква бизарна загонетка. „Шта значи то, какве то мртве ствари?“

„То је све оно што је хладно и чему се радујеш само један дан; чак и људи могу бити мртве ствари када су без душе. Ако се дуго крећеш међу њима и сам почињеш да се хладиш и да постајеш мртав човек који хода, дише, спава, смеје се леденим осмехом, а ипак је мртав дубоко у себи. А друго, попут кућа, станова, аутомобила, свег онога што је на рачуну у банци, е то су тек мртве и беспотребне ствари. Тога имам највише", завр̌ших с горчином, мада сам се зарекао да нећу тако говорити.

„Можда је то најважнији разлог мог повратка, бежање од мртвих ствари и долазак међу своје људе, живе људе. Иако је овде било, и сада је вероватно, љуто сиромаштво, осетио сам да живот може имати мирис и укус; та арома овдашњег живота ме је привлачила годинама, као да је она неки снажан магнет чијој сили се не могу одупрети."

Њено је лице остало мирно; изгледало је да размишља о свему што је чула. Онда се окрену и погледа ме право у зенице. На њеном лицу оцртавали су се изрази сажаљења, подсмеха и тихог дивљења.

„Ти верујеш у то."

Хтео сам да одговорим, али схватих да то није било питање, већ њена констатација; ко зна, можда је сматрала да седи с човеком чији ум није баш најздравији. Опет се није имало шта рећи и изнова западосмо у дуго ћутање. Иако нисмо разменили ниједну реч, могло се осетити да се у нашим главама хитро роје мисли и одлазе нечујно другоме. Тај неми дијалог смо чули неким унутрашњим и непознатим органом.

У маху схватих да је њена уздржаност само маска која се може свакога часа истопити а ја сам био на путу да је својим опорим речима грубо стргнем. Испод ње бих можда открио једно рањено, преплашено и несрећно створење. Помислио сам на убијену ласту у младости и осетих да сам дубоко постиђен, да скоро ништа нисам научио свих ових година откада се нисмо видели. Опет сам причао о себи. Нисам је још ништа питао о њеном животу овде, у овом месту, из кога сам давно побегао. Сека је остала и требало је да је прво упитам како је провела све то време, скоро малу вечност, у граду из кога су људи одлазили да се више не врате. Једино је она дошла и остала.

Много раније и пре него што сам био сигуран да ћу се коначно одлучити на повратак, знао сам да ће име и лик несрећнога Уроша, мог друга из детињства и младости, лебдети око нас. Узалудно би било претварати се и заваравати: наши животи су се неповратно изменили још онда када је он учинио оно што нисмо више ни помињали, као да се ради о табуу једног доба. То нам је и убило рану младост; одрасли смо у трену, пуни горчине и страха, али без искуства старијих, које су невоље шибале постепено па су могли да изграде бедеме пред силама живота и смрти.

Корен нашег мучног ћутања лежао је у том догађају. Понекад смрт драге особе искупи и спасе а нас је Урошева удаљила и раздвојила. Зато је у мени годинама, поред дубоке туге, тињала и прикривена љутња на мог јадног друга и његов чин. Понекад је изгледало да у таму у коју је добровољно сишао није желео да пође сам; додир његове ледене шаке ме је много пута отргао из сна. Будио сам се у леденом зноју очајнички покушавајући да не скренем с ивице овога света по којој ме је водио он, у тешким сновима. Лежећи у црнилу ноћи, тешком муком сам покушавао да разазнам предмете по спаваћој соби. Бордо завесе постајале су крила неког анђела таме који ме дозива шрећи крила у пролаз према којем се морам упутити. А сећање на додир хладне, укочене руке није се могао никако избрисати из памћења иако су друге сензације из снова лако нестајале.

Никада нисам дотакао шаку умрлог човека, па ипак, додир мртвог младића у мом сну био је истинскији и од саме збиље. Највише ме је ужасавала неописива, апсолутна хладноћа, она за коју претпостављамо да је била могућа само у најдубљим пространствима космоса пре него што је креснула искра живота. И само та шака, увек она, та десница кречњачки бела са загушљивим, влажним мирисом иловаче који никада нисмо омирисали, али смо га, неким посувраћеним памћењем наслутили у носницама још док смо били у топлини материце. У том воњу јављао се читав бесмисао надземног, топлокрвног живота. Он је надјачавао све оне есенцијалне мирисе наших живота, мирис мајчиног млека, мирис косе уснуле жене, мирисе јела и вина, све, све. Упорност којом се ширио у мојој свести ми је дошаптавала да су ти животни, пријатни мириси само трептај ока између два монолита таме у којима царују ти ужасни задаси ништавила.

„Да ли си био?"

Иако није казала где, знао сам да мисли на гроб нашег несрећног друга из детињства.

„Нисам још, нисам био ни на гробу родитеља", слагах без грижe савести. Био сам кратко на гробљу и готово сам сигуран да ме нико није видео док сам чистио травуљину око запуштених надгробних споменика оца и мајке. Можда и јесте, али ми то није било важно; недостајала ми је храброст да се попнем, мада сам погледавао навише према месту где је закопан Урош.

„Ја одлазим често и, зачудо, једино на оном месту не осећам бол што га више нема."

Ма колико дуго да сам се припремао за разговор о нама трома, био сам сигуран да он неће бити пријатан, али и да није поштено избегавати га. Одозго с брежуљка пиркао је ветрић па сам дисао равномерније, кнедла која се попут неке металне лопте заглавила у грлу поче да се топи и ја осетих да ми се опуштају руке, ноге, читаво тело. Зашто би требало да се прибојавам ове непознате жене; па више је времена прошло откад нисам био поред ње него што је познајем. Мени су људи прилазили с поштовањем, скоро са страхом, и тражили аутограм који сам равнодушно жврљао не гледајући им лица.

Сека је за мене постојала као драго лице из прошлости и сада сам желео да упознам ту нову особу која је радила, спавала, јела и дисала свих ових пропуштених година и дана. То је било готово исто као и упознавање непознате жене, јер сам оставио девојчицу, а затекао жену довољно младу да прави планове, али и да се пита колико времена остаје да се они остваре. И ја сам сâм био у том добу па ми се чинило да је могу разумети. Оно што ме је натерало да ћутим био је њен непоколебљиви мир; очекивао сам радост, меланхоличну можда, чак и благи прекор, али не и ову готово нељудску равнодушност. Још увек сам се надао да је то само добра глума.

„Не бих да сада причамо о Урошу, нисам спреман на то. Не сада." Ово сам рекао најодлучније што сам могао. Сека ме изнова погледа оним недокучивим погледом.

„Добро."

„Желим да причамо о теби, занима ме сваки тренутак твог живота, од дана када сам отишао."

„Као што видиш, овде у граду се није много тога променило, он није најзабавније место на планети, мада се не може рећи да нема никаквих узбуђења. Много људи је умрло, пуно се деце родило, људи се венчавају..."

„А ти, зашто... овај, па и ти си сигурно имала доста прилика?"

„Да се удам? Слободно реци, неђу се увредити ако и ти видиш у мени матору девојку на добром путу да постане уседелица."

Док је то изговарала, прасну у искрен, здрав смех и ја схватих да није нимало патила због ситних оговарања која су вероватно кружила о њој и њеним годинама.

„Један од најбитнијих разлога зашто нисам у браку је у томе што нисам осетила матерински инстикт. Децу много волим, она су нешто најбоље на свету, али своју не желим да имам."

Ово је рекла врло мирно, а ја нисам желео да је ишта више питам о интими.

Мени се мотао по мозгу онај пресуднији разлог, то да не може поднети додир људи; понеко би помислио да се ради чак о нелеченој манији. Њено објашњење је, ма колико изгледало чудно, сигурно било искрено и, верујем, утемељено на неуспелом покушају. То искуство вероватно није било пријатно и Сека је сматрала да више нема сврхе покушавати. Она је била таква, она срчана девојчица из мојих сећања. Копкало ме је само докле је била спремна да иде у откривању своје телесности. Знајући је, мора да је неком јаднику одрезала: „Немој ми дирати руку, не подносим то!"

Бојао сам се да онај дебели кретен, њен деда, није некако успео да јој саопшти како ме је затекао у голубарнику. Чинило се да није, бар она није показивала никакву жељу да разговор скрене на ту тему. Ни овог трена нисам се кајао што сам његовим високолетачима завртао вратове, и што сам видео како он сам пада носем у прашину. Могао сам опростити отворену мржњу, али не и непоштовање. И да га покаже пред њом! Зато је и платио. Нисам покушао да му помогнем, а поштено говорећи, не бих ни сада. Моја је мржња још блистала истим сјајем. Ја нисам био од оних што постају слабићи с годинама, живот на брежуљку те или очврсне или убије, као што је убио мог друга Уроша.

Урошев језив начин који је изабрао да оконча живот касније је у мени, поред туге и празнине, будио и потајни бес. Зашто, ако је већ морао отићи, није то ни наговестио? То његово последње, коначно бежање временом сам почео да сагледавам као чудну врсту издаје коју је он уперио у мене. Али, зашто? Туга је све више бледела, но ово питање није, његов звук само се појачавао и постајао неиздржив у ноћима кад сан одбија да умири тело и ум.

Многа питања су ми се ројила по свести, али нисам имао храбрости да их сва поставим, између Секе и мене је стајао зид. У њега је, као у древним легендама, било узидано тело несрећног заједничког пријатеља. Она је очекивала одговоре, ја их још нисам био спреман дати, не зато јер су могли бити непријатни за мене, већ зато што ни сам нисам био начисто с тим да ли имам било какве везе с том несрећом која нам је изменила животе и учинила да прерано стргнемо образину детињства.

„Идемо још мало навише", рекох устајући. Време које сам проводио с њом било је нека врста свечаности. Сека је, напокон, била једино живо биће које ме је привлачило; због ње сам годинама патио од меланхолије. Пошли смо а негде далеко изнад нас чула се потмула грмљавина, тако далека да се чисто небо није нимало намрштило на овај изазов.

При преласку преко јарка, ухватих је за руку и заједно га прескочисмо; желео сам да задржим ту малу шаку у својој, али се сетих њеног страха од додира и помислих да је тај стисак пече иако није ништа казала нити показала жељу да одмах извуче руку. Искористио сам то и неколико корака направисмо заједно, скоро као пар љубавника, држећи се за руке.

Мени су ти тренуци личили на неку тајну, сакралну светковину живљења и постојања, готово као кад смо некада давно одлазили срца пуних страхопоштовања према шареним шатрама и гунгули вашара. Да ли је она бар могла наслутити колико је мени све то значило? А шта ако је размишљала о ручку, о некој књизи из библиотеке коју мора вратити или о било чему баналном што је обесмишљавало сву моју усплахиреност и жар.

Горе, у висинама изнад барака, крстарило је неколико орлова, они су се спуштали с планина доле до брежуљка, привучени пацовима и змијама сакривеним у темељима порушених барака. Могло се чути њихово кликтаво дозивање док су раширених крила лагано једрили и осматрали предео. И то ми показа да људи уопште не залазе на брежуљак где смо ја и моје друштво провели детињство и младићке дане. Присуство тих гмизаваца и глодара, захваљујући суровој симетрији живота у баракама затвореним у круг између бездана̄, одговарало је овом месту. Зачуди ме апсолутна самотност на нашем брежуљку; некада је овде било веома бучно и весело, смењивала су се славља и свађе.

Ружноћа овог простора, коју никада раније нисам примећивао, сада се показа у свој својој огољености; гледао сам около као да се налазим у пустињи која се незустављиво шири. Брдо је стајало оголело јер на њему дрвећа никад није ни било: бараке су изграђене на терену насутом прегорелом шљаком из рудника. То је учињено да би се спречило настајање клизишта, да бараке не би, попут необичних бродова, отпловиле према граду. Јаловина је имала одвратну црвеномрку боју, али се црвенило, од којег су нам се бојила стопала, готово изгубило, и тло је задобило нијансу налик боји земље. Тек понегде избијали би праменови жуте траве немоћне да озелени, чије је корење било укопано у неживо тло, у тло из којег је живот испражњен у циновским пећницама.

Секино лице је било без посебног израза, чак и мало живну кад почех да јој објашњавам где смо се и како играли на овом испошћеном парчету земље. А заиста је требало пуно маште и воље да се изгради магични свет нашег детињства овде на брежуљку, изван и изнад града.

Понекад, док смо још били сасвим млади и без имало искуства и знања о било чему, титрава светла града у сумрак чинила су да осетимо необуздану жељу да се устремимо на њих налик лептирицама што слепо налећу на светлост свеће. Њихови искошени одблесци светлуцали су позлатом сакривеног блага које лежи надохват руке. Одлазили смо на спавање с вером да ћемо једног дана баш ми постати господари тог нестварног и блештавог света под нашим ногама. Лепи снови, подстакнути дневним сањарењем, обојили су наша детињства бојама чији ће спектар почивати пред нашим очима и кад се оне буду заувек затвориле, пошто су снови остали заувек утиснути и заробљени на унутрашњој страни очних капака.

„Можемо доћи још који пут, ако се слажеш. Баш је лепо овде, као да овај поветарац хлади помало. У сваком случају, пријатније је неголи доле", рече Сека и показа град заробљен оковима јаре. Куће и људи лежали су потопљени у врелину као у неку врсту привременог пакла на земљи.

„Да, свакако, ја ионако немам превише обавеза а овде горе на брежуљку је мој дом", рекох напола у шали. Она се пристојно насмеши и мени се опет учини да ми измиче, мада, знао сам да сва та страховања долазе од неке стрепње сакривене дубоко у мени, увек спремне да ми дошапне како све иде у погрешном смеру. Треба се опустити; али то је лако рећи кад си тик поред судбине.

Спуштали смо се пријатно ћаскајући, управо попут двоје пријатеља који су се срели након много, након превише изгубљених година. Посматрајући га с висине, изнова сам се зачудио колико је град мален. Мој поновни сусрет с њим из ове перспективе наликује ситуацији када у старом орману пронађете панталоне које сте одавно прерасли, а ипак покушавате да их навучете јер су вам веома драге. А оно што ме је, још док сам био дечак, ужасавало и чудило беше то што читаво место лежи на километрима дубокој рупи у земљи; мало јачи земљотрес, и потонућемо у те руком човека прокопане тунеле као у живо блато покопаних снова.

Немаштина и беда готово да су се могле назрети и с брежуљка. Сиромаштво је полако клизило одозго с брежуљка и населило се у већини домова, утискујући успут на све оне некад поносне мештане жиг беде који се, попут болести, није дао сакрити. Што су му се упорније покушавали одупрети, жиг се дубље усецао. Примећивао сам да у мени нема никакве солидарности с мојим посрнулим и ојађеним суграђанима, ближе би било истини да признам како се у мени појавила мала али јасна искра ликовања. Мач беде спустио се из барака на читав градић, и ту више готово да није било помоћи. После поплава или земљотреса места се обнављају, овоме више није било спаса, корозија безнађа сврдлала је по утроби града док је овај тонуо у банкрот.

Чак и најстарији грађани морали су признати да је град безнадежно поружнео налик остарелој лепотици чија ружноћа боде очи јер је у младости сваког охоло засењивала лепотом. Мени је град и даље био драг, ружан и драг.

И лица људи су остарила, нека окрутна рука им је навукла смежуране, изборане маске препуне ожиљака неке нељудске патње, и они су се кретали даље у страшном незнању. У Италији су старији људи имали више елана од тридесетогодишњака овде. Паде ми на ум страшна помисао како им је неко исисао живот, његову пенушавост, онај састојак што је наликовао шампањцу док се неуморно креће и голица непца мехурићима потопљеним у вино. Иако су се сви трудили око мене, могао сам назрети да речи добродошлице нису изговаране потпуно искрено; нешто је, нека мала ограда, почела да израста између нас. Али, то су били моји људи, ја сам био један од њих! Битно је било да сам се коначно вратио, истопићу ја ту малу скраму леда и све ће бити добро.

Поздравио сам се са Секом и, док је одлазила низ улицу, посматрао њен помало скакутави ход девојчице из наше младости. То ме подсети на онај дан када сам теглио њен кофер док је она ходала испред мене с Урошем. Тада сам први пут запазио да једва приметно поскакује док корача. Сачекао сам да

Сека потпуно замакне иза угла и тек онда сам кренуо према хотелу. Успут сам размишљао о нашем разговору и томе како у животу никад не буде баш онако како се испланира. Но, с обзиром на време које је прошло, сусрет није био ни потпуно разочарање. Можда сам једноставно очекивао превише, да ми се баци у загрљај, шта ли?

Можда је моја дуготрајна чежња за њом потицала од скривене жеље да се и ја мало огрејем на том пламену вечне младости. Јер сам бесповратно почео да старим, увидео сам то на утакмицама када би ми ноге отежавале као да је неко на њих ставио метални окове. Некад бих промашио чисту шансу и тада се у мени није јављао бес као раније док сам био млађи, не, у мени би букнуо стид и разлио се кроз читаво тело. Знао сам тада да међу светом на трибинама има оних који су у себи помишљали, можда и изговарали: „Било је доста, пусти неког млађег". Када се то први пут десило, ја сам одлучио да ћу ускоро престати; нисам желео да се играм с тако озбиљном ствари као што је фудбал. Он је живот и трчи се пуном снагом до краја, или се селиш на трибине међу гледаоце и гунђаш грицкајући семенке.

У хотелу сам за вечеру скоро увек наручивао телећу чорбу, а после кафе и две цигарете излазио сам у пригушену вреву која је допирала из главне улице. Та улица је била права и веома дуга, с једне и друге стране пружао се дрворед кестена и платана.

Вечерас сам обукао тегет ланено одело и белу кошуљу, очеткао ципеле и уљем намазао косу. Спарина се није могла издржати па сам сако пребацио преко рамена и с уживањем запалио цигарету; док ми је осмех титрао на лицу, отпоздрављао сам људима који су ми се јављали. Пријатељски сам одговарао свима, иако се најмање половине њих нисам могао сетити. Но, они су чули за мене и то је било довољно. Док смо били само дечаци с брежуљка, имали смо свој јединствени начин поздрављања: погледали бисмо се у очи и нисмо изговарали обично „здраво", већ бисмо казивали имена: Уроше, Дуле. Тако смо штитили своју посебност, нама је припадност брежуљку углавном била разлог да се осећамо бољим него што би нам то други допустили. Већ сам се договорио са старим друштвом, с остатком дечака с брежуљка који су остали у граду, да попијемо понеко пиће у кафани *Под дудом*. Рекоше да тамо свирају Цигани и да је увек препуно света.

На улазу у башту кафане застадох и почех да посматрам простор ограђен ниском оградом с огромним, прастарим дудом у средини. Стабло дуда је и даље изгледало огромно, док ми се унутрашњост по којој су без посебног реда били поређани столови учини скучена и умањена. Ту су седели људи знојних лица, углавном мушкарци, окренути ка малом подијуму одакле је долазио крештав и неизграђен глас. Очи свих су биле упрте у младу, врло, врло младу Циганчицу која се увијала покушавајући да прати ритам музике. Помислих да не може имати више од петнаест, највише шеснаест година.

Срдачно се поздравих са свима, били су ту и Миле, Пеле, близанци Дуле и Зека и њихови нови пријатељи. Сви они су имали оне старе црте лица тако да сам их лако препознавао, но као да се над њиховом младошћу надносила тамна сенка зрелог доба. Нико више није био мршав, напротив, сви су се подгојили и отежали, једино је моје тело било витко, исклесано свакодневним тренинзима. Са жаљењем помислих да ћу ускоро можда и ја седети овако с подбратком и стомаком притегнутим каишем.

У почетку смо се дивно забављали, присећали се догађаја из ране младости и грохотом се смејали својим несташлуцима и заблудама. У том присећању, нека сенка жалости надвијала се над сиротињском али лепом прошлошћу, јер ја сам, као и сви житељи барака на брежуљку, био сиромашан као црквени миш и нигде то нисам крио. Моји другари су сишли с брежуљка, али још нису побегли потпуно из железног стиска немаштине; почех да примећујем да се помало устежу због тога.

„Друштво, да се одмах договоримо, вечерас ја плаћам јело и пиће.“

„Браво, шампионе!“, зачу се одобравање и сви почеше да се лагодније смештају у столице и да охоло погледавају на суседне столове.

„Шампионе, шампионе, а музика? Па нећемо ваљда дозволити да се видимо после толико времена а да не запевамо“, забрунда Миле. „Конобару, хајде позови музичаре за наш сто, желимо да отпевају нешто за нашег пријатеља!“

И, заиста, убрзо стигоше Цигани потуљено се смејуљећи; подсећали су на изгладнеле псе када нањуше масан залогај. Почеше да се распоређују укруг око нас и да се шире остављајући довољно места тамнопутој певачици. Она је прилазила полако, њишући се у ходу тако да су јој кукови изгледали још шири. Поглед, можда већ припит, заустави ми се на тим расним боковима који су стајали на пуним бутинама што су затезале хаљину од црног тила. Испод појаса је увезала неку шарену мараму, а одмах изнад ње, као пресечен, савио се зид струка који се могао обухватити двема шакама.

Постаде ми још топлије, али наставих да посматрам девојку. Мишићи су јој били чврсти, једино се, када је била окренута боком, примећивало да има стомачић. У средини тог чоколадног стомака ширио се дубоки пупак испод којег су у линији надоле светлеле маљице. Груди су требало да изгледају веће него што су то њене године дозвољавале, зато су биле подвезане марамом. Рамена су јој била понешто широка, али су јој она давала утисак величанствености и раскоши.

„Џепна бомба!", добаци неко кога нисам познавао, обраћајући ми се као да се познајемо још из барака с брежуљка. Такву фамилијарност нисам волео, зато сам задржао своје утиске за себе.

На девојчином лицу су се издвајале тамне, помало косе очи, високе јагодице и дебеле усне са стварно блиставим зубима; били су толико правилни и бели да се могло помислити како нису природни. А она се често смејала, тачније, развлачила усне у увежбани осмех мада, приметих, да јој очи остају хладне и пажљиве, попут очију животиње која вреба плен.

Била је права лепотица, у то није било сумње, али се њено певање могло поднети само уз велике количине млаког пива које смо испијали. То пиво поче да ми квари доживљај вечери која је почела пријатно. Нисам схватао потребу својих другара да уливају у себе толико те горке, готово вруће течности; ја сам одавно прешао на вино, па је пристојност с којом сам их пратио у том опијању полако долазила по своје. Осећао сам да ми је бешика препуна, да ће пући, а у устима ми се ваљао бљутави укус меса и пива. Желео сам да повратим, но некако сам се уздржавао и полако почех да забушавам у том кружењу, наздрављању и испијању. То ми је помогло да многе ствари сагледам јасније, почевши од мог друштва; Боже, зашто ти још млади људи имају тако лоше зубе а неки их уопште и немају? Па зар немају зубара! И сви су носили избледеле мајице и кошуље које су одавно биле за бацање, али пошто њихов изглед њима није био битан, одлучих да не буде ни мени.

Без пива се музика није могла слушати, а музиканти су нам се толико приближили да се могао осетити њихов дах на врату, а бојао сам се и да ће ми један од њих чивијом гитаре избити око, па сам вадио новац и делио им га у нади да ће се мало удаљити и пустити мало свежег ноћног ваздуха и у наш круг.

Циганчица се увијала највише преда мном и ускоро уплових у нестварну тишину, видео сам да отвара уста из којих није излазио никакав звук. Зато се усредсредих на то змијолико тело што се без престанка гибало пред мојим очима.

Спарина је расла уместо да се смањује и на њеном врату и деколтеу почеше да се нижу бисери крупног зноја; она их је једноставно брисала тамном шаком и настављала да ради оно што најбоље зна. Један од тих бисера прође кроз танку мараму која је држала дојке и поче да клизи низ стомак остављајући траг попут пужа када се креће по лишћу. На крају се кап улила у јамицу пупка и остала у тој удолини као да је потонула у неки тајни процеп. Прву кап следиле су многе и убрзо је зној цурио утврђеним путевима али је сва количина, приметих запрепашћено, тонула у пупак. Али, убрзо се и он испуни, па капи стадоше да натапају и једва видљиву шумицу маља које су избијале одоздо.

Стомачић се тресао у неком мени нечујном али жестоком ритму. У глави поче да ми се мрачи док сам пратио увртање девојчиног стомака. У мојој пијаној свести поче да се рађа нека луда симпатија за то непознато девојче чији ме је изглед подсећао на нешто источњачко, нешто што жене запада не могу имати. Уплаших се да ће ми кружење њеног стомака изазвати вртоглавицу и накратко скренух поглед.

И тако је то трајало, трајало. Прегласна музика, крештаво певање, пијани хор мојих другара, топло пиво, зној, непријатан задах по врату, покварени зуби мојих другара, зној и поново громогласан смех којем се није могао утврдити повод. Дошли смо у стање да смо се церекали на сваку изговорену реч; у том часу схватио сам да сам и ја пијан као и остали. Свет се некако кривио, извијао и бежао у углове и доле. Гласови и звуци су се удаљавали иако су у ствари бивали све гласнији, наслонио сам главу на ивицу стола и све се утишало и нестало.

Први зраци почеше да налазе пукотине у наборима прљаве завесе, осетих како ми благо милују кожу лица и руку. У рађању дана, слично као код сваког чина настајања, јавља се чистота, чистота и магија. Оне могу трајати непојамно кратко, па ипак, остају да блистају у нама макар као дивни заборављени сан. Помислио сам да ме поново буди сунце као и све моје претке, а не бука програмираног часовника. Гледао сам мирно у таваницу примећујући бројне меандре пукотина и одлепљеног малтера. На плафону сам разазнао ружну мрљу насталу цурењем неисправних цеви; место је било влажно и прошарано црном буђи, на њему су се укрштале шаре творећи арабеску онакву какву би насликао неки модеран уметник. С уживањем сам маштао о првом диму цигарете; оне су најпоштенији порок јер уништавају само онога ко му се препушта.

Сећам се да смо већ с осам или девет година сакупљали пикавце по јарковима и сакривали се горе, иза барака, у мрачне кутове сушионе да бисмо их с уживањем палили. Дим је био јак и љут, али смо ми желели пречицу у свет одраслих; цигарете су нам се чиниле као најбржи начин за то, јер смо их стално виђали у угловима усана својих очева. Они су, као да имитирају нас млађе, поседали у топла летња предвечерја, палили цигарете, причали и пили. Како је време одмицало, дим је бивао гушћи а разговор све гласнији. Ми смо с безбедне удаљености жудно посматрали тај ритуал одраслих мушкараца, трудили се да чујемо о чему говоре и били поносни, сви, на те наше грубе и потамнеле очеве, чије су нас чворновате руке чешће ударале него миловале по главама.

Доле, у дубинама земље, у облацима угљене прашине, на њих се таложила тамна боја; то црнило се није испирало већ је, што су бивали старији, све упорније попуњавало сваку пору на њиховој кожи. И не само да су они улазили у земљу, она је улазила у њих.

Само кад би успели да се одвојимо од себе, од свакодневних навика, видели бисмо како се наши животи промећу из једне улоге у другу, како мењамо змијске кошуљице улога од детињства до старости. То је развој, то је тај живот који живимо. Понекад, и само код појединих снажних појединаца, јави се воља да се здере маска и покаже лице онакво какво јесте, какво мора бити. Код других то изазове ужас или гађење, а онога ко не игра по правилима игре чека прогонство или изопштење. Он ће бити сам у мноштву, онај од кога се окреће глава и чије се постојање засипа прашином заборава.

Зраци младог сунца размилеше се по соби; ушавши тихо кроз прозор, започели су игру кидања помрчине и скидања копрена ноћи. Рука ми крену према паклици на сточићу док сам жмиркао на разиграни сплет сунчевих зрака. И онда, у ноздрве поче да се увлачи неки специфичан опор мирис; тада мој лакат осети мекоћу бедра неког тела тик поред мене. У тренутку сам се расанио и схватио да је она мала певачица од синоћ лежала на леђима, раскречених ногу, руку забачених изнад главе тако да су јој се могли видети знојни жбунови пазуха. Коса јој попут косе оријенталних жена беше бујна, врана и масна, прекрила је њен јастук и пола мог. Уста је држала широко отворена и спавала мирно, дишући шумно, кроз прорез дебелих усана. Задигао сам чаршав који се лепио уз њену пуну фигуру и угледао тамно, ознојено, на правим местима пуначко тело. То ме је запрепастило, нисам могао повезати делове вечери којих се сећам с онима који су остали у мраку заборава. Ни када би ме подвргли најтежим мучењима, не бих умео да одговорим како сам и зашто завршио претходну ноћ с том девојком.

Бар је она била спокојна; помислио сам да је многа јутра дочекала у туђим креветима с различитим мушкарцима. Ако се синоћ, услед пића и дима и лепљивог ваздуха, у мени пробудила жудња, сада сам био толико бесан на себе да сам био у стању да се ошамарим. Она је и даље равномерно и тихо дисала у сну, сну у којему није било места кајању.

„Хеј, устани, касно је!" Почех да је будим ухвативши је за раме.

„М, м, м. Шта је, ја бих да спавам још мало, господине", мумлала је заклопљених очију. Изгледало је да јој је потребно много мање времена да ускочи у нечији кревет него да из њега изађе.

„Слушај ме пажљиво, ти мораш сместа да устанеш и обучеш се а онда да се некако извучеш из хотела да те нико не види. Да ли ти је то јасно?"

Сад ме је гледала некако попреко жутим, зејтињавим очима, готово да је у погледу искрило непријатељство.

„А да ме водиш у Италију, обећао си, свашта си обећавао док ме ниси скинуо."

Покушавао сам брзо да мислим, ово што сам чуо могла је бити и истина, па ипак, више ми је одговарало да не признам ништа, пошто се, искрено говорећи, ничега нисам ни могао сетити.

„Не, не, не. Овде се ништа није догодило ја сам ожењен и никад не бих учинио тако нешто". Мора да сам смешно лагао, јер Циганчица се зацерека.

„Е, мој бато, да само знаш колико сам пута то чула. Ви ожењени најчешће и салећете нас јадне, сироте девојке без заштите. Мораш да испуниш свој део договора."

Каквог, до ђавола, договора, мислио сам док је у мом мозгу зјапила црна рупа несећања.

„Добро, добро. Гледај, мени је остало нешто пара од ноћас, желим да ти их поклоним", посебно сам нагласио последњу реч, „да ти их поклоним да купиш нешто лепо, хаљину или накит, шта желиш. Важи?"

Она се и даље држала своје приче, али јој очи натопи похлепа, неста пркосног сјаја и оне посташе питомије и – лукавије. Нисам имао снаге да се убеђујем, већ извадих сав новац из џепова и бацих га на њен голи стомак. Сакупљала је хитро новчанице и даље брбљајући о оцу, некој браћи који ће ми већ показати како Цигани бију, о томе да је малолетна и да може отићи у полицију. Али када је овлаш пребројала новац док га је грабила, схвати да с њим читаву фамилију може прехрањивати пола године. Глас јој се измени, постаде некако бљутаво сладак и мазан.

„А да дођем опет, биће нам и лепше, обећавам ти да ћеш заборавити не само своју него и све жене које си имао до сада." Свашта је још причала док сам је гурао кроз врата, молећи Бога да ме није почастила неком болештином. А и ако јесте, ништа боље нисам ни заслужио; мој повратак није баш славно започео!

Закључао сам врата и оставио поруку собарици да не улази. Док сам похлепно удисао чаробни дим *винстона*, гледао сам на два млаза хладне и топле воде који су полако пунили каду. Вода се мешала и градила мале вирове изнад емајла чију су површину прекривали мрки колутови нечега за шта сам се надао да нису наслаге нечистоће. У ову собу, тако су ми казали на рецепцији, годинама нико није улазио, јер, „Знате, она је скупа за наш народ"; дакле, мене су отписали из народа. „Свеједно", рекох гласно и зароних у пријатну топлину желећи да сперем јучерашњи дан са себе. Пуна када и цигарета, шта више човек може да пожели овде доле на Земљи!

Ручао сам у празном ресторану; напољу су пролазили уморни људи, њихови кораци су тонули у лепљиву смолу асфалта. За тренутак се учинило да се помало тетурају, као да им је врело сунце начело центар за равнотежу. Мени је било добро у хладовини и одлучио сам да данас не излазим у уобичајену шетњу; претходни дан а нарочито ноћ носили су у себи довољно узбуђења и за овај. Вратићу се у собу, лежаћу, пушићу и гледаћу доле на улицу, вода ми је дала мало енергије, али је изазвала у мени и неку поспаност, скоро обамрлост мишића. Осећао сам се празним и слабим да бих могао гледати право у лица људи и размењивати речи с њима.

Уз благу дрхтавицу која би могла наговештавати неку прехладу или пак обичну слабост, легао сам наг у постељину у чијим се наборима сакрио оштар мирис знојног тела младе жене. Тај воњ је био тако снажно уткан у тканину да сам, прислонивши нос уз чаршаве, могао да одредим место где су биле девојчине дојке, где међуножје и пуне бутине а где се све мрсила црна, масна коса. И тек преко тих трагова тела које је већ било далеко, ја сам могао да реконструишем шта се догађало прошле ноћи. Њушкао сам бестидно тражећи најопорије, најличније мирисе и излучевине жлезда и органа нас двоје. Све то ме опи, предадох се без стида, онако као што увек чинимо када пол надвлада ум. Маштао сам да додирујем тело чији су трагови остали на кревету; чинећи то, у мени се изнова појави неутажива жудња за свим тим облицима из којих су потекли сокови и натопили тканину. Једна већа мрља ширила је специфичну арому, задржах се над њом као пред неочекиваним поклоном. Шатећи ноздрве, покушавао сам да упијем те честице које су нестално лебделе изнад чаршава попут дуга изнад летњих киша; резак мирис се ширио кроз моје савијено тело.

Иако су ми девојчине претње изгледале попут дечјег дурења, касније сам размислио и посумњао да ју је неко послао у хотел с намером, а та намера никако није могла бити израз пријатељства према мени. А можда су то само моји давнашњи другари пожелели да ми укажу добродошлицу. Било како било, није испало сјајно, а ни безопасно, јер би и слепац приметио да та мала није пунолетна. А то је свуда, па и у мом старом крају, било кажњиво.

Нисам више желео да кварим дан, већ сам навукао тешке завесе и сунце је сада узалуд тукло у густу тканину; изнутра се упорност зрака наслућивала по светлој нијанси која је понегде, попут замахнутог мача, секла подневну полутаму.

Мора да сам уснуо; ту су зраци престали да бивају важни. Потонулост у стање без светлости дана и видљивог црнила ноћи значи да је моје тело и дух заробио дубоки, лековит сан. У том спавању није било места за снове. Када се они јаве, увек се боримо с утварама у битки чији се крај никад не досања, утваре хипноса имају читаву вечност иза и испред себе да нас боду сећањем на покопане грехе. Некад, али само понекад, у магновењу преваримо те искусне ратнике и откријемо колико дуго смо мучени ужасним морама а да нам нико није открио зашто.

Игра светлости и полутаме замрачене собе одвијала се дуго; ја сам падао у сан и устајао из њега, али то се није могло назвати обичним спавањем. Наликовало је више бдењу поред умртвљеног или тешко оболелог тела. Мој се вид некако изместио из очију и задобио је моћ да може сагледати читаву затамњену хотелску собу у којој је једини луксуз био огроман кревет смештен тачно у њеном средишту. Наг човек тридесетих година чудно се окретао по површини кревета, прислонивши лице уз изгужване плахте. Имао је главу пса гонича на добром трагу, а то је значило да је више користио њух него вид како би пронашао плен. Лов у сну, можда полусну, одвијао се неизрециво споро; да се окрене за један круг, били су му потребни сати. Често се то мишићаво, ожиљцима избраздано тело савија у лук фетуса и онда се чворновата колена споје с необријаном брадом. Спава. Изгледа да не може да сања. Некад се мишићи лица развуку у осмех, а онда доња вилица почиње да дрхти и он безгласно јеца. Прво га опседну анђели, а одмах затим и демони.

Посматра себе одозго и, зачуђен, бави се својим телом. На њему је глава зрелог мушкарца, с јаком густом и кратком косом, мишићав торзо и вретенасте ноге. Види и опуштен уд између бутина, тај чудан орган који је и сам успаван, запажа жиле из којих је испумпана крв; он би некој жени могао наликовати на притајену змију.

Капи су падале у једнаким размацима оноликим колики су капљици воде потребни да се формира и издужи пре него се одвоји и разбије о тврдоћу керамике. Дан је иначе био тих, скоро мртав, стога је распрскавање те сићушне материје одјекивало у слуху човека на кревету попут експлозије гранате на бојишту. Њему је глава стајала тамо где иначе почивају ноге, благо пресамићена преко доње ивице кревета. На први удар, глава му се подиже, зачас ослушну, а онда немоћна паде преко ивице. „Лоше инсталације, лоше инсталације, лоше инсталације", добовало је у тој глави ритмом откидања капи. То треба одмах поправити, одмах! Присети се давно прочитаног новинског чланка о некој тортури с водом у јужноамеричким затворима и у маху схвати страшну судбину осуђених људи. Вода је, то сваки спортиста зна, седамдесет процената тела. Па, ипак, ова његова, заробљена у телу, мирује, не квари савршену тишину дана убијеног ватреним копљима сунца. Читава соба се окретала укруг док је покушавао да присили своју свест да прати замршени сплет одводних и доводних цеви, систем резервоара, пречишћивача, филтера, неопходних хемијско-биолошких провера, да покуша да прати пут те капљице до тренутка њеног пада на дно умиваоника.

По њему набубри колоплет сланих капљица, беше му хладно у крилу усијаног дана, помисли да се његово тело дрхтањем и знојењем одупире страшној намери сунца да спржи и истопи земљу. Па опет, можда ће је претопити у нешто боље, а када једног дана изађе из ове собе, људи неће имати онај облик који памти. Он је овде заштићен, у овом непробојном кавезу, добро се сетио тога, снашао се он; а они напољу, Сека, његови другари који не живе више у баракама на брежуљку, она девојка чије име није знао, они могу постати нека изобличена створења. Ко зна да ли ће им више требати очи, уста? Шта ако се спусте и почну користити руке као још један пар ногу, онда би и он сам морао вежбати такав ход, а то би болело, његова кичма није толико савитљива, није спремна на такав напор.

Једном или два пута намеравао је да оде у купатило и заврне славину, али мишићи нису послушали наредбу његове свести. Протекло је много времена док вода није престала да цури или је човек толико навикао на њу да је није могао чути, као што није чуо своје дисање и лупање срца.

Али њега је било тешко преварити, он одмах схвати шта се десило. Пошто је сва вода истекла, а не би било чудно и да је испарила под несносном жегом, цеви остадоше празне и кроз њих поче да хуји ваздух. У почетку се једва чуо, био је тек ветрић, а после се његов хук није могао поднети, те је човек забио главу под јастук и кричао све јаче, увек за степен више од хуке нарастајуће олује која се формирала негде доле у дубинама водовода. Да није упознат с узроком, неко би те крике свакако довео у везу с неком аномалијом човека који животињски урла сам у хотелској соби, овако се претпоставља да је он у вези с неким вишим знањем.

Иако му је глава горела, била врелија од ваздуха напољу, његов ум је хладнокрвно резоновао: ове цеви су директно повезане с паклом, штавише, хотел, па и читав градић, саграђени су директно изнад понора пакла! Не оног пакла којим се плаше грешници, већ много страшнијег, правог пакла created сазданог од зла пресвученог у добро. Они напољу, јадници, то не могу знати јер им није дато право знање, да врелина не долази с неба на којему гори звезда, већ из дубина паклених огњева чији се степен одједном појачао. Зашто се то догодило, то још није могао докучити, но био је сигуран да, док су му два анђела седела на раменима и шапутала истине, да ће и то дознати. Свет је био, јесте, и остаће тајна, али он осети, гоњен вишим силама, да ће разбити оклоп тајне и да ће она засветлети свима јасноћом којом сада њему блешти у лице.

Време је протицало успорено, а онда, наједанпут, сасвим је престало да постоји, тачније, он је знао да се зауставило, да више нема будућности. Остаће само садашњост и свако ће моћи на миру да завири у душу своју и душе оних које воли. Да, тако ће бити. Тако мора бити. У том протоплазматском, непомичном помицању дана ка сумраку изван тих неколико квадратa хотелске собе нико ништа није знао, нико није ни наслућивао с каквим се истинама суочава гост у соби 26. На улици готово и није било пролазника, било је време ручка, још увек је било рано за вечерње изласке. Нека, избориће се он сам с дрхтањем, јер тело је слабо, оно је дрхтало док његов ум, у то је био тек сада потпуно уверен, никада боље није сагледавао ствари. Сви људи које је упознао, прочитане књиге, све љубави, мржње, места где је морао ићи постадоше слике пројектоване однекуд на платно од искрзаних тапета неодређене боје. Слика је лежала укриво и он подвикну, онако како су то чинили у младости киноператеру, да се поправи. И, стварно, слика од којих је саткан његов живот одмах би исправљена и постаде оштрија. Тако он постави шаке под браду и поче да посматра... Био је беба, био је дечак, младић, све у свему, прошао је све оне фазе које један примерак мушког рода може проћи пре него што доспе у одређене године. Е, сад, те године биле су дани последње младости, дани које је требало расцепити на хиљаду делова и уживати у свакоме од њих најбоље што се може.

Филм живота био је помало досадан ономе који је већ прошао тим стазама; можда би неком другом изгледао сасвим другачије. Фасцинантно беше то да можеш тако у месецу јуну, крајем јуна и почетком јула, да на зиду собе провинцијског хотела посматраш живот који је неко снимио без твог знања. Без твоје дозволе. Тај је живот био славан, тај живот је био јадан! Диванстрашан живот. Одлазиш на реку, у школу, у биоскоп, на игралиште, стално се вртиш укруг око истих људи и наједанпут посумњаш у све, све то.

Звуци су на почетку долазили из разних смерова, њихов тон и јачина никако се нису могли довести у сагласје, у мојој је глави та музика с дистанце бивала налик каквом сулудом експерименту у некој новој, какофоничној и непојамној музици. Лагано, тонови почеше да се слажу у смислене целине и више није могло бити сумње, кроз зидове, као да су од папира, допирало је стењање жене у љубавном загрљају. Дисање се претварало у дахтање прекидано све гласнијим крицима. По њима се могло закључити да је то двоје веома озбиљно схватало то што чини једно другом, својим телима и органима за репродукцију.

Ствар је постајала све озбиљнија, цвиљење никако није престајало, а додатни ритам том древном ритуалу било је потмуло ударање неког тупог предмета о зид суседне собе. Ударци нису били само јаки већ и врло систематични. Од снаге удараца зид је вибрирао и звонио својим бетонским инструментаријем, тапете од хартије нису успевале да прикрију тај силовити концерт сачињен од непрестаног лупања, као да големи бубањ свему даје основни ритам. Могао сам разумети да у екстази мушкарац удара главу жене о зид не знајући шта чини, док она, обезнањена од ужитка, не осећа бол. Шкрипутање кревета, повремени шкргут мушкарчевих зуба и отегнуто женино завијање никако нису престајали. Жена, доведена у хотелску собу, у том надреалном концерту била је оперска дива што своју арију никако не жели довести до краја, већ је стално продужује и у тој бесконачној импровизацији налази неку додатну наслађу. Сматрајући, ваљда, да би свршетак уништио чар представе.

Па ипак, и она је била тек људско биће. Мало замуче, поче да хропће као да је неко дави или као да узима ваздух за коначни наступ, тек све се заврши нељудским, пискавим тоном који с лакоћом проби наслаге тапета, малтера и послаганих цигли и зари се у моје измучене уши снагом ужарене игле. Звук, звуци су стали, морали су стати, али је негде у потиљку, као умножена јека, вриштао тај писак што се, по свим законима људи и природе, морао много раније окончати. Видео сам их загрљене док им се зној слива и меша како мирно пуше цигарете у поподневној тишини. Док они ћуте загледани у замашћени плафон, ја гоним те крике из главе, али они налазе начин да остану унутра, бубњају и звоне даље. На крају је постојао само један могући начин да их се ослободим: из моје главе и грла излетео је један огроман, удесеторострученчен збир свих јека, свег дахтања и стењања, све се стопило у џиновски урлик због којег су с рецепције позвали лекара и полицију.

Руке непојамно хладне додиривале су ме по лицу, врату, читавом ознојеном и дрхтавицом измученом телу, оне су биле тако, тако хладне да сам у маху погодио чије су. Те ледене руке, чији додир на један подмукао начин прија, његове су руке, руке мог друга из детињства који је себи одузео живот, Урошеве. Оне ме из хладног гроба повлаче доле, к себи, у мрачну, нему тајну. Не, али не, ја још нисам спреман, морам видети Секу, морам да је питам, она ће ми рећи шта се дешавало с нама тада. Ја не знам, знам само да сам у свему томе невин и рањив попут малог детета. Моје опирање наведе руке да крену ка лицу, тачније, врату, и да га стану стезати у челични, ледени загрљај. И оно мало ваздуха у соби ишчезну и моја плућа нису имала шта да удахну, дисао сам упразно налик рибама које смо давно извлачили из реке: жудно су удисале нешто што ће их убити. Ја нисам могао упити у себе тај мемљиви зрак одавно затрпане раке, скоро заборављене, коју сам покушао да заборавим; нисам могао удахнути дух прошлости.

Шаке су појачавале стисак и чинило се да ће надвладати мој отпор; можда би се то и десило да ми последњи остаци разума не дојавише да Урош никад није имао тако снажне руке-чељусти, његове су могле бити руке свештеника или чак руке жене. Сâм сам се стискао тим отуђеним удовима из којих је крв одјурила у главу и спржила разум.

Ускоро се нечија блага рука заиста спусти на моје чело, нежно попут слетања белог лептира, и познати глас рече: „Врео је, има преко 40 степени, напуните каду хладном водом и донесите чаршаве." Онда је учинила све што савестан лекар може да уради пацијенту, спасла ми је живот, јер је сила грознице могла оштетити мозак да се телесна температура помакла за још само пола степена.

О тим догађајима немам никаквих сазнања; касније ми је Сека испричала да сам био у телесној ватри узрокованој исцрпљујућим путовањем, пићем или поквареном храном, или свим тим заједно.

Пробудио сам се, било је благо јутро, и угледао забринуто Секино лице наднето над собом.

„Био си болестан, имао си грозницу."

„Али сећам се свега, неко је плакао, јецао. И ваздух је хучао кроз цеви право ка мени и..." Застадох, Сека је била у праву, све оно чега сам се могао сетити као да је било пропуштено кроз облак опијумског дима. То се није дешавало у стварности, то је било нешто налик сну, али и нешто много страшније од најгорих мора; могао је то бити сан о паклу, о прошлости пуној ништавила. Помислих, али прећутах, да ме је неко покушао отровати. Мржњом.

Секино се лице нагло приближило моме (пуно нежности и саосећања, учини ми се), најближе од часа када сам је упознао, било је толико близу да су ми ноздрве удисале мирис њене косе и благог, цветног мириса нанетог на врат. Испод тога пробијао се још један, природнији мирис, и упркос грозници, спознах да је то мирис младости, оне давне, неизживљене младости.

Мишићи на Секином врату су се затегли, а између њих је било аорте куцало у снажном, понешто убрзаном ритму. Склонила је прамен косе и на јутарњем светлу засија маховина нежних, беличастих маља, невидљивих на обичном светлу. Како је лепа, Боже, колико је само лепа, понављао сам. И никад неће бити моја. Пошто је већ било тако, једино сам се понадао да неће бити ничија, желео сам да заувек остане девојка, да је не дотиче мушка рука, и да у нашем месту, као у неком огромном манастиру, хода чиста и незаинтересована за прљава телеса. Није ме чудило када сам сазнао да је постала лекарка, одувек ми је наликовала на особу која ће свој живот склонити у страну да би могла друге да посматра на позорници живљења, као редован посетилац позоришта, удобно смештен на балкону.

Њена се снага крила у непојамној мирноћи да све ствари прихвати какве јесу и да каже праве речи у правом тренутку. Ни сувише, ни премало, већ тачно онолико колико тај весели, тужни или сасвим обичан догађај захтева. Можда је то добила рођењем. Ми, дечаци с брежуљка, волели смо је због те особине коју нисмо успели стећи ни научити, јер се до ње долази сабирањем добрих особина генерација. Та моћ наталожи се у једном наследнику као скупоцен дар породичне традиције; ја и моји другари могли смо само наслеђивати друге, много мање племените инстинкте.

„Слушај ме, ево ти сока од наранџе и свежег лимуна. Сок пиј а лимун сиши и труди се да одспаваш неко време. Ако не можеш, држи бар очи заклопљене. Ја морам да идем, чекају ме пацијенти у амбуланти." То све је изговарала док јој је на лицу лебдео осмех који је можда упућивала свим својим пацијентима. Мени се он, пак, чинио као осмех светице упућен грешнику.

„Преживећеш", рече и стисну ми руку својим малим, негованим шакама. „Идем сад, ћао. Реци ти то `ћао` како треба, како говориш горе у Италији."

„Ciao", рекох са широким осмехом. Нема шта, Сека је била одличан лекар, сигурно су је сви пацијенти волели. У трену се застидех јер сам схватио да ми је пицама натопљена знојем који се у њу цедио ко зна колико дуго. Мора да сам смрдео као јарац, а она је све то осетила, хтео сам да пропаднем у земљу. Сека је, као и увек, показала толико такта, чак ми се и приближила, као да може бити нечег што може привући чисту жену у том опором мушком мирису наталоженом по телу. Иако се соба још благо љуљала а зидови титрали приближавајући се једни другима, отишао сам под туш и пустио хладну воду на још врело тело и главу.

После неколико дана, тегобе су нестале и на оно вече и дан после њега једино су ме још подсећале необичне слике које су ми се понекад враћале док сам спавао с истом снагом и у потпуно истом облику. Напољу је и даље непрестано пекло и стално сам сретао ознојене људе који су покушавали да се расхладе, жене за шалтерима су махале папирима испред лица, деца су сваки час тражила новац за сладолед, а мушкарци се наливали пићем. Чини се да то није помагало јер је врућина, иако више није расла, предуго трајала. На радију су је назвали талас врелине: изгледало је да је неким чудом неко ваздух из Африке донео и спустио над наш градић. Пре жеге рекоше да су пале обилне кише, па се сада од влажног и усијаног ваздуха скоро није могло дисати.

Врелина је још више умирила сањиви градић који никада није ни био живахан. Она га готово успава и, од поднева до четири-пет сати, он је био пуст, пролазнику се чинило: напуштен. Пошто сам јутрос устао у зноју, у кревету чија је постељина била мокра, био сам раздражљив попут поскока у парењу. Туширао сам се млаком и хладном водом, али је то деловало тек пола сата, онда бих поново осетио цурење зноја низ леђа и неиздржљив свраб по читавом телу. Плажа! Па да, како ми то није раније пало на памет. Отићи ћу на нашу плажу и тамо у води реке и сенци врба наћи спас. А да позовем и Секу, зашто да не, можемо још мало попричати.

Она, Сека, обећала је да ће доћи касније. Газио сам преко лепљивог, недавно нанетог асфалта који се и сâм топио од жеге тако да су ноге помало упадале у тело пута. Он је некада био тек калдрма с облуцима склиским попут леда, низ коју си могао поломити ногу када падне киша. Одмах на изласку из града, доле према пољима трске и мочвари, пут је имао оштар завој и нагли пад у нивелацији. Услед напрегнуте пажње и уистину оштрог завоја, свако се изненади кад се при дну пута потпуно усправи и баци поглед преда се: пред очима се простире долина која се прелива у разним бојама све доле до реке обрасле врбама и тешким, над воду наднесеним тополама.

Високо ведро небо обећавало је још један врео дан. Оно је блистало као затегнуто платно на штафелају, било је мекоплаво, скоро беличасто. Једино није имало у себи ону азурну, помало тешку ноту неба Апенина; она се издиже с површи модрих мора која су заробила копно са свих страна. Небо Италије. Ах, скоро да ћу поново осетити тупи бол носталгије, само овога пута у другоме смеру! Доста с тим, ево ме већ како силазим с асфалта и корачам по добро познатом тепиху најфиније прашине. Гледам око себе и, пошто никога нема у близини, изувам ципеле и чарапе и урањам стопала у ту загрејану мекоту.

И да некако могу да бацим поглед изван себе, на себе самога, могао бих видети још младог човека на прагу зрелости како се попут заигралог детета заборавља у облацима земљане прашине. Падала је и тихо се таложила по мени као да је њен прах желео да ме поздрави. Ходао сам раздраган, скоро трчао по том путељку што ми је некада изгледао много шири. А није био ни тако дуг; ево ме између широких поља тршчака који су опколили прашњави пут и усмерили га право према реци. Редови витких биљака чије је корење било зариве́но у невидљиву воду наликовали су ми почасној стражи постројеној у моју част. Њихово благо шуштање, мицање копљастих листова могло је значити само једно: добро дошао, добро је што си се вратио! Када сам избио на чистину, иза мене осташе тршчана поља са својим благим мелодијама добродошлице.

У даљини, доле, иако се још није могла видети, мирисала је река нашег детињства.

Жарко лето је готово преполовило моју реку: подсећала је на повећи поток, а у мојим успоменама текла је лењо својим широким коритом. При обали су се задржали мали базени одвојени од главног тока, преко стајаће воде хватала се скрама зелене жабокречине. Вода се у њима умртвила и готово да је изгубила моћ да прикаже гране дрвећа и плаветнила неба на својој тамној површини. Сунце је попило воду, нешто ми је фаталистички дошаптавало, нешто ће се лоше десити овог лета. А када се мало боље размисли, у нашем крају лоше ствари су се догађале искључиво лети када се усија и ваздух и крв у људима. Лагано, готово се прикрадајући, испод бокора коприва и дивљих купина, до мојих ноздрва дође онај добро познати лепљиви влажни воњ глиновите обале. И одмах затим, као по некој наредби, у моју свест се преко чула за које сам сматрао да је отупело за потицаје из природе стадоше сливати оштри и опојни мириси водeног биља, цвећа с ливада и смирујућег мириса покошеног полуисушеног сена. Све биље стаде да испушта из себе притајене мирисе тако да сам тада, као некад давно, могао читав предео да доживим у његовој целини; престао сам само очима да покушавам доживети околину: оштри мириси дадоше пејзажу још једну димензију, дубину, без које би он изгледао мртвије него на фотографији.

Плажа је била иста као и раније, а опет, и није била иста. За ових двадесет година, чинило се, на њу нико није долазио. То се могло наслутити по мркој боји песка чија се површина скорела јер нико није газио по њему; песак није блистао на сунцу, његова прљава боја као да је упијала а не рефлектовала зраке. Иако је све било некако другачије, понешто је и остало скоро идентично слици из детињства: ту је био онај непоновљиви мирис воде у којој је растворена глина и јата риба што се крију доле у дубинама. Њена зеленкаста, мирна површина и даље се лењо протезала између песковитих, издубљених обала, зеленило се надвијало над воду а с тих крошњи су падали разни инсекти које би хитро уграбиле рибе, чим додирну површ воде. Негде у страни би се зачуо потмули удар великог сома када се праћакне и узбурка наизглед непокретну реку. Мирис равничарске реке пуне рибе, с обалама обраслим густим растињем, поврати ми сећања, прво у чулу мириса, и ја га стадох страсно упијати.

На ивици плаже наталожили се редови муља, сасушеног лишћа и грања; лако се уочавало неколико слојева па се чинило да сам на археолошким или геолошким ископинама. Нисам био срећан због свега тога, па ипак сам сео на запрљани песак, запалио цигарету и погледао према средини где се котрљао средишњи ток зеленкасте воде. Ово је прва цигарета која ми је пријала након грознице, пријао ми је сваки дим у ненарушеној тишини.

Седео сам; пушио; гледао у прошлост.

И време, као и река преда мном, текло је, али на неки свој, невидљиви начин; могли су проћи минути али и сати, још сам држао догорелу цигарету међу прстима и питао се зашто нема Секе. Сат су ми украли оне ноћи када сам се обезнанио од пића, али ми то није било важно, добио сам га од Кјаре пре неколико година за неки рођендан. Мора да је био скуп, али ми ипак није недостајао, чак ми је изгледало веома пријатно да не носим сат, да покушам да живим у ритму изласка, успињања и заласка сунца. Зато други нисам купио.

Пламена кугла Сунца налазила се у зениту и бичеви њених врелих зрака тукли су окомито сушећи земљу и умртвљујући живот. На трен ми се јави помисао да се ради о колективној казни којом је неко осудио ово место и све у њему.

Она је дошла тихо, онако како се пре много година ушетала у наше животе. Лице јој је било изразитије, јагодице истакнутије него раније, а правилно срезане усне давале су читавом изразу посебан, женствен тон одлучности. Одувек ми се допадао њен начин одевања. Одећа јој је била беспрекорно чиста и ја сам несвесно загледао своју тражећи на њој неку издајничку мрљу. Носила је белу хаљину с високим појасом и беж машном одмах испод снажних груди, та машна их је придржавала, и дискретно упућивала поглед ка њима. Деколте је чинио савршени полукруг тако да су се откривала благо осунчана, чиста рамена. На глави јој је, као одраз деколтеа, био шешир исте ширине; на њему се истицала широка трака истоветна с оном на хаљини. Штитио јој је лице од убитачних зрака. Сека је обула једноставне сандале а преко десног рамена пребацила је велики плаво-бели пешкир, у руци, испод пешкира, назирала се малена торбица са женским ситницама.

Ходала је лако док јој се фигура попут тела велике мачке њихало у ходу, изула је сандале и, смешећи се, ишла право према мени. Вероватно сам зурио у њу јер ми се учинило да је прошло доста времена док нисам схватио да ми нешто говори.

„Да ли ме дуго чекаш?", питала је ведро ваљда по трећи пут.

„Да... ма не, не, ево седим овде и посматрам нашу плажу. Зар она није била већа, како је уопште онда на њу могло стати онолико људи?"

„Можда смо ми порасли јер је тешко поверовати да се плажа смањила", рече с осмехом.

„Да, тако је. Желиш цигарету? Извини, ти си лекарка, мораш давати пример другима."

„Па... то је један од ретких порока коме се не предајем", рече она и даље се шалећи, очито добро расположена због нечега. Или због некога, суфлирао је црв љубоморе; кад смо били деца, ништа нисам знао о њој, а не знам ни сада и ко зна да ли ћу икада ишта сазнати, да ли ћу моћи да склопим читаву слику о тој тајновитој девојци с тако једноставним именом. Тада ми паде нешто на ум.

„Секо, које је твоје право, крштено име? Чудно, за све ово време о теби мислим као о Секи."

Изгледа да о томе није радо говорила, мало се намршти.

„Па ти то добро знаш, вероватно си се доста распитивао о мени, о мом животу."

„Не, нисам стварно. Први пут када смо се срели казала си једноставно Сека и мени није требало више. Увек када бих помислио на тебе, помислио бих на ону уморну девојчицу с тешким кофером, на Секу. То ми је било довољно."

„Nomen est omen."

Мора да нисам имао баш најпаметнији израз лица док сам покушавао да схватим смисао онога што је изговорила јер сам у углу њених очију приметио иронично мрешкање коже. Нешто је, изгледа, налик италијанском, личи, али шта?

„Предајем се."

„Ово је из твоје друге домовине, али на језику на којем пишем рецепте, на латинском. Не сумњам да ћеш открити смисао ове изреке, као што не сумњам да ћеш открити и моје `право` име. Овако је боље, остаћу заувек млада, мала Сека. Да, то је довољно. Сека. Можете ме звати Сека, господине, имате моје допуштење тако ми се обраћати свуда и у свакој прилици. Ова млада госпа неће се наћи увређена, нипошто." Опет се шалила, опет су јој сијале очи и то тело се благо таласало од суспрегнутог смеха који само што није провалио. Насмејасмо се обоје пуног срца и зид који је сазидало време се сруши под налетом громког смеха. Можда сам нашао Секу, помислио сам.

„Ваљда смо дошли на пливање, можемо разговарати и под дрвећем." Рекавши то, поче да скида белу хаљину и моје очи нису могле а да не прате покрете тог снажног, пуног, али затегнутог тела док гипко збацује са себе оно што служи људима као прва брана и остаје у дводелном купаћем костиму. Тај материјал имао је доста муке да задржи све оно што је кипело у надошлој девојачкој снази. Цела Секина фигура била је крупна али складна, њена женственост подсећала је на сој древних амазонки, у њеној фигури се на најдивнији начин мешала грациозност девојке и формирани облици расне жене. Пливала је лако и радујући се зарањала главу у прохладну воду, чак ми се учини да жели да се игра прскајући ногама унаоколо.

Опружисмо се по пешкирима на усијаном песку убрзано дишући, довољно близу једно другом да чујемо то дисање, али и довољно удаљени да радознали посматрач не би имао разлог за лошу помисао. Њена пунђа се покварила, али је и даље та плава грива дивно уоквиравала Секино млечнобело, влажно лице. Нисмо се брисали, већ смо препустили сунцу да попије безбројне капљице с наших тела. Оно нас убрзо осуши, али и поче тако силно да пржи па смо морали потражити заклон дубље у сени врба. Ја сам се наслонио на стабло, а она се опружи у мојој близини држећи руке под главом. Зачуди ме то што ни за трен нисам осећао код ње ни назнаку стида или нечег сличног што обузме девојке у близини мушкарца. Била је мирна исто као и када је носила одећу, чак се чинило да је мало и слободнија, наликовала је некоме ко се ослободио неке напорне обавезе.

Опруживши се скоро нага испод мене, препуштена мојим погледима, она се није, попут већине жена, нудила. Сека је увек радила оно што жели и ја сам то знао, тако да то раскошно тело, иако нисам могао да га не гледам, знао сам, није лежало преда мном да бих се послужио његовим чарима. Оно је просто било Сека, само без конвенционалне одеће. Зато ми ништа лудо није падало на памет, чак нисам осетио ни жудњу, што би можда требало очекивати у деликатном распореду наших окупаних тела замораних водом, ваздухом, песком и врелином која је прожимала све то.

Растали смо се као стари пријатељи, боље рећи, као пријатељи који су се поново пронашли.

У то доба се негде навршило и првих десет дана откада сам се вратио, мада је мени изгледало да је протекло много више. Пријатељима сам ласкао да ми се чини као да никад нисам ни одлазио, они су ћутали и климали озбиљно главом. Није мала ствар вратити се на почетак.

Са Секом сам се налазио често, чешће него што би то чаршија могла да поднесе без оговарања, а ређе него што бих ја желео. Ти састанци, шетње и растанци на њеној капији били су савршено чедни; нико није могао знати да се једно према другоме опходимо као сестра и брат. Као што су ветрови времена много шта развејали – пређашње везе међу нама – тако су нешто ново донели, то ново је, претпостављам, било оно што су нам дали плодови искуства и смирење страсти које се често јавља при крају младости.

Дани су протицали све брже, а мени се чинило да сам заборавио зашто сам се вратио. Сигурно да то није могло бити једино због Секе, мада је она била потицај, овде су гробови мојих родитеља, моји пријатељи, скоро сви дечаци с брежуљка су остали да живе овде. Мора да сам заборављен и сметен због овог сунца што тако лудачки пржи; потпуно ми је истопило мозак па лутам около попут заковитлане кокошке пред клање или скитам бесциљно налик индијским кравама.

Могло је то бити око петог или шестог разреда, баш у време када су у Шпанији играли у финалу Италија и Бразил. Ми, наравно, нисмо имали телевизор, али га, ако је то утеха, није имао нико горе у баракама на брежуљку. А када су поставили један апарат у излогу робне куће доле у центру, ми смо се први тискали неколико сати пре почетка да бисмо заузели први ред, док су старији стајали иза нас и ударали ћушке. Али ми нисмо одлазили. Тада сам схватио суштину фудбала, а једини прави фудбал био је италијански фудбал.

Италијане у почетку нико није волео јер их није схватао, међу њима ни ја. Сви су говорили да они не играју, већ да само кваре игру противника, то смо најчешће причали баш ми јер смо негде у подсвести осећали да ми не бисмо могли толико много да претрчимо и останемо живи до истека деведесетог минута. Они су, тим Италије, били као запета опруга или комад савитљивог метала који чека противника на својој половини, негде око шеснаестерца. Кад они што нападају налете на непробојни зид, та опруга за један трен застане, онда се затегне и стреловито отпусти; играчи у дефанзиви постају бесни јуришници што незаустављиво хитају на гол противника. Сви, али баш сви – уходана ратна машина обучена да победи и смлави – толико брзо јурне напред да се противницима чини да их плави огроман талас. Код њих настаје паника и неко погреши, увек неко у тој ситуацији није довољно чврст, онда се лопта убацује кроз средину или са стране и голеадор затеже своје тело у лук у једном трзају погађајући гол, зарива одлучан ударац у срце побеђених.

У том моменту се ослобађа давно закопана енергија, играчи трче ка стрелцу с рукама подигнутим у свечани гест победе, окрећу се према својим навијачима и, чак и да се не чују заглушујуће салве у славу победника, погледи пуни снаге и љубави упућени својим борцима говоре више него бука. И тада сви знају зашто су лили зној толико дана, месеци и година у брижљивом оштрењу снаге својих мишића, у вери да могу доспети на трон чији пут води само горе, у небо славе. У том часу осети се пуноћа живота, неко нам покаже да вреди живети за те, можда кратке, но ипак свечане часе слављења живота у његовом најчистијем виду. Све оно што у одурној свакодневици, ситним пакостима и бесмисленим добитима храни сумњу у трену експлодира у истински живот, онај живот у коме снага тела послушно и ефикасно реагује на позив премоћног духа.

Али дивна замисао катенаћа остала би само мудри план без праве битке да нема чврстих и жилавих момака у азурним мајицама и белим шортсевима, да они тих деведесет минута једне утакмице не претворе у оно што она у ствари јесте, што је увек једино и била, у читав људски живот који се мора живети читавом снагом и вољом од самога почетка па до задњег часа, од звончића над колевком до звоњаве звона коју не можемо чути.

То сам научио од Италијана, једном заувек и није било дана да им нисам у себи захваљивао на том дару који су они нудили свима, али су тек ретки прихватили понуђено.

Зато сам жудео сваким својим делићем тела и душе да будем тај стрелац, онај ко ће у име свих огласити победу, онај ко ће први подићи руке у азурноплаво небо. Ти су људи то осетили; иако по крви нисам био један од њих, осетили су у свом духу да сам и ја један од победника. Али сирова снага није довољна, ту снагу води вера. Снага и вера свезане у победнички стег владају игром.

После хука с трибина, трчања и кидисања на невидљиву препреку чији је корен лежао у нама самима, у тишини свлачионице, полако сам прелазио рукама по примљеним ударцима и огуљеној кожи с осећањем свечане захвалности. Док се тело хладило, болови су се пењали према глави, али их је она прихватала с миром победника. Ти часи, када сам остајао сам с изможденим телом борца у арени били су ми посебно драги. Није ми пријао бол, пријало ми је непоновљиво осећање моћи.

Ја сам своју шансу сурово шчепао, можда се и она запрепастила због силине стиска, али морао сам, повратка није било, то јест, било га је, у бараке на брежуљку изнад града, испод кога су зјапили понори ходника у коме су духови умрлих рудара чували вечну стражу. Одатле сам потрчао што сам брже и силније могао и распалио по лопти најјаче што сам могао. Погодио сам, и то је било добро за мене, другу шансу не бих имао.

Азурима је *богиња* несрећно измакла пре четири године у Аргентини, али овог лета имају још снажнији тим, играче који могу играти на сваком месту у пољу. Иако је Зоф напунио четрдесет, он је тренутно најбољи голман на планети; ту су Бергоми, Тардели и Ђентиле, Бруно Конти. А у нападу су вижљасти Паоло Роси и Алесандро Алтобели; овај други је тек у зрелим играчким годинама постао немилосрдан стрелац, касно је и почео да игра за репрезентацију и, док би други одмах напали тренера Беарцота, он му верује и чека своју шансу. Сјајни момци, сјајан тим.

Ја знам да је дошао час да се стари дугови наплате и да пехар отпутује у земљу где људи највише воле ту дивну, сурову борбу за понос и самопоштовање. Моји бивши другари из барака ми говоре да су наши, Југословени, испред њих у групи у квалификацијама па је ваљда логично да и у Шпанији ми будемо бољи. Насмејао сам се у себи на то, знајући да ми немамо инстикт победника; сви ти играчи који себе сматрају звездама и трчкарају по терену далеко су од правих бораца. Нисам рекао ништа.

Моји другари су, као и читава држава, опчињени игром Бразила и упорно настоје да постану други Бразилци не схватајући да су бразилска „техника", „лепршавост" у игри јефтина импровизација сиромашних дечака из предграђа и с плажа. Такво схватање игре, неозбиљно и површно, доноси резултат када противник буде засењен кловновским шегачењем и претварањем игре мушкараца у арени у јефтину циркуску представу. Зато, све док будемо покушавали да будемо „европски Бразилци", нећемо успети да постигнемо вредан резултат. Ако сам нешто добро могао да схватим у младости, онда је то било то, онда када ми је неки тренер у Београду рекао да „немам добру технику", мада сам био јачи и бржи од свих његових „техничара". Та будала није никада схватила колику ми је услугу учинила; извадио сам пасош пре војске и другој будали у СУП-у обећао да нећу нигде да путујем наредних месеци, јер ћу можда добити позив за ЈНА пошто нисам уписао факултет. Не наредних месеци, већ следеће недеље, сео сам у експрес из Београда за Венецију, с картом у једном правцу. Својима сам рекао да идем у Трст да купим фармерке. Тада смо се последњи пут видели. Писао сам, али одговори нису стизали; чини се да је мог оца било срамота што му је син избегао да одужи дуг домовини, како се онда називао одлазак на муштрање у војску.

То бежање имало је своју цену коју сам платио веома скупо: моји су родитељи умрли четири године касније у размаку од осам месеци, а ја нисам могао да присуствујем њиховим сахранама. Послао сам новац браћи, они су га примили, али ни они нису одговорили. Касније сам сазнао да су отишли негде у Босну пошто је наш рудник затворен након ко зна које експлозије метана. Били су много старији; ја сам дошао као треће, можда непланирано дете, можда као потајна жеља моје мајке да ће родити ћерку пошто јој је живот у друштву грубих мушкараца постајао несносан. Свеједно, ја сам био ту и нико није знао шта би са мном, браћа су већ гледала девојке и планирала да се ожене а отац и мајка одавно су изгубили ентузијазам за подизање потомака тако да сам се осећао усамљеним и, понекад, нежељеним.

На срећу, родио сам се жилав и брзо сам се сâм изборио за своје место у нашој тесној бараки на брду. Чини се да сам им временом постао и интересантан, онако чио и несташан, али само то; њихов емоционални живот није ни раније имао превелике дубине. Нису се бактали њиме поред свакодневних питања шта ће се јести (мајка) или пити (отац).

Људи су горе на брежуљку изнад града умирали млади, у четрдесетим или педесетим годинама; нико томе није знао разлог али се нико није много ни питао зашто је то тако. Становници барака би једноставно рачунали на педесет година живота, као што би ови доле у граду сматрали нормалним да ће живети седамдесет или чак осамдесет година. И није се горе осећала никаква љубомора према онима доле, људи су покушавали да убрзају ток живота, да сабију све оно што чини просечан људски век у тих педесет година. Кад је било боље хране, преждеравали су се не питајући се шта ће јести сутра, пило се оно што дође подруку, почињало с пушењем у десетој години. Што је најважније, ти људи женили су се млади, често пре двадесете и успевали већ у четрдесетој да буду деде и бабе, док су некима доле у граду тражили прилике за женидбу у тим годинама.

Били су такви, сирови, можда и сурови, неки сигурно и зли, али с њима си увек знао на чему си, нису знали да се може проживети читав људски век а да се никад не каже оно што се стварно мисли. Чак ни кад си сам пред огледалом и гледаш лице странца кога не можеш ни да волиш ни да жалиш.

Чудило ме је да су у далекој Фиренци, поред моје прво неухрањене а затим предебеле Кјаре (што јој се може опростити као манекенски синдром; годинама се сања храна а онда се почне јести да би се на крају доживела трансформацију од метле до бурета), слике из старих дана чешће пристизале у сну него по дану. Разлог сам тражио у немању потребе да се толико чезне; довољно је било да се гледа, али то гледање као да је убијало моћ имагинације. Све је изгледало некако свакодневно, обично, налик на неуређену бину за некога ко себе види као важну особу. Истина, нисам очекивао црвени тепих на железничкој станици, али ми је и равнодушност према сопственом повратку била чудна, помало и дрска.

Или је то све била глума мојих људи од чијих сам се обичаја и навика и просторно и временски превише удаљио. Можда их никад нисам ни упознао? Било је нечег у том упорном ћутању, у провинцијалној потреби да се не покажу осећања, било је, да будем искрен, нечег злокобног. Након оне прележане грознице, људи су избегавали да ме погледају у очи и поздраве, прелазили су на другу страну улице или брисали зној и довикивали нешто деци побеснелој од жеге.

Сека је и даље била она стара; кад год бих је замолио да ми прави друштво, спремно је климала главом, као да је очекивала позив. Никад не бих помислио да би тако једноставне прилике какве су испијање кафе на тераси хотела или куповина сладоледа на точење, горе поред цркве, могле имати свечан, готово мистичан карактер. Куповина сладоледа за нас двоје је постала ритуал који нас је уводио у пријатно, иако претопло и спарно вече. Излазили смо тек у девет, раније није било смисла пошто ноћ још није успевала да испије врелину асфалта и бетона, док је негде пре девет почео да се јавља благи, освежавајући ветрић. Сладолед на точење имао је исти онај укус од пре двадесет година, осећао се на млеко и карамелу, понекад ванилу, и ја сам био захвалан породици Горанца Ризе на томе. Сигуран сам да ће укус тог сладоледа и његовог корнета, који смо такође с уживањем грицкали, бити идентичан и за двадесет година. Традиција је ове људе непогрешиво довела до савршенства, а то савршенство састојало се управо у несавршенству те посластице, у томе да је он трајао упркос и у инат индустрији и њеној пастеризацији и свеопштој стерилизацији. Индустријски сладоледи нису имали конкретан укус и, да на њима није писало од чега су начињени, човек би могао помислити да једе било шта. Сладоледа на точење можда ће ускоро нестати, али ћу га ја, и многи други, имати на непцима спојеног са старим временима.

Дан који почне тако што осетите да је јастук натопљен знојем обично буде искошен и померен до краја. Завршио сам некако шести разред, математичарка ми је поклонила двојку пошто је у августу летовала у Купарима где јој је муж, капетан, имао попуст. Хвала Богу на томе! Преда мном се простирао читав летњи распуст, страшан у својој дужини и врелини. Толико је трајао да се мени редовно дешавало да заборавим таблицу множења током лета и да наставница следеће школске године пред свима почне: „Добро, дете, да ли ти стварно..." Чека ме половина питомог јуна, ужарени, готово пустињски сув јул и господски отмен, а у другој половини помало меланхоличан август. Ја сам, а то сам чуо још од неких дечака с брежуљка, осећао туп бол у стомаку негде око двадесетог августа. Али, пустимо крај августа, далеко је то!

Извукао сам се из постеље онако наг, само у гаћама, и кренуо ка заједничкој чесми испред бараке; узалуд сам пуштао воду да истече, она се у цевима угрејала и била млака и бљутава. Хтео сам да се освежим, да се умијем и напијем свеже воде, али је она истицала као да је загрејана у неком огромном, природном бојлеру. Иза мене се већ стварао ред другара, сањивих и жедних као и ја; гунђали су и псовали.

„Ајде, пожури. Ако ти се не свиђа наша стара чесма, пресели се доле у град!"

„Ма, носите се!", промрмљао сам.

„Не смем да дозволим да ме изнервирају одмах ујутро", понављао сам у себи омиљену реченицу свог оца. С обзиром на то колико се често враћао припит с посла, изгледа да није баш успевао до краја да се влада према својој омиљеној максими. Приметио сам да сви ми, дивљи дечаци из барака с брежуљка, користимо исте речи, исте или сличне реченице. Сви смо говорили: „Не могу више да се играм, идем кући нешто да једем", или: „Е сад, слушај ти мене..." Наша лексика била је врло сиромашна, а нико није ни очекивао да неко с брежуљка проговори другачије. Нико, осим Уроша, за њега су чак и они доле говорили све најбоље.

„Он је једини од њих паметан дечко, лепо се изражава, лепо се понаша, не знам само шта ће с оним битангама и будућим капедомцима у друштву. Баш фино дете, као да не живи у баракама, али она његова мајка...", и дизали би руке као да је тета Зорка оличење свега најгорег што се икад појавило у градићу.

Заиста, Урош је одударао од нас, или можда пре ми од њега, пошто је његов лик био ближи представи дечака за узор. И ја сам негде подсвесно себи постављао то, и још нека питања. Не то шта ће он у баракама, па нигде друге није могао ни отићи, мајка му је ту живела, а на оца се заборавило као да није ни постојао. Много пута ме засврбео језик да га питам шта је то било с његовим оцем, откуд та завера ћутања и тај сиротињски табу који су сви одреда поштовали. Пошто то нисам учинио, табу је очигледно имао моћ и нада мном. Све док мој отац није читав лик покојника свео на само једну кратку реченицу: „У тој кући учитељ није носио панталоне". Схватио сам да је био слабић или тако нешто, у сваком случају, неко ко није могао изазвати поштовање међу тврдим мушкарцима из рударских барака. Лакше су прихватали неморално понашање трафиканткиње јер су га могли разумети, док им је камерна самоћа у коју се повукао Урошев отац и читање толиких књига било страно, чак и глупо ако се узме у обзир средина где је морао да живи. Када је умро, осим сина, нико га није посебно жалио, чак ни удовица, која је убрзо наручила туце претесних сукања и хаљина у црној боји жалости.

Мене је копкало зашто је Урош физички другачији од нас, жилавих и потамнелих дечака с брежуљка, а о памети да се и не говори. Увек сам у својој ускoj деранској свести изопштеника из света умивених маминих и татиних мезимаца знао да није добро што се толико разликује, па и птице искључују очи и главу оној што има другачију боју перја. О неким стварима боље је знати што мање, инстикт ми је дошаптавао, шаљући ми поруку кроз копрене незнања и неискуства.

Његово друштво ме је веома привлачило, али често и одбијало. Бела врана међу нама, неће то изаћи на добро, сиктао је упорно онај туробни глас у мени. С Урошем у друштву могао си се осећати двојако: или си био постиђен због његовог надмоћног ума (мерено параметрима просечног дечака с брежуљка) или би ти страшно ишао на живце због своје тромости и неспретности у игри и сваком несташлуку. Његова неспремност да се попне и дохвати јаје из гнезда нас је излуђивала, онда његов паничан страх да ће нас неко уловити у бостану, а тек кад бисмо се поделили у две групе и почели да играмо фудбал! Ниси га могао ставити ни на једно место, увек би све погрешно урадио. Пошто није знао људски да погоди лопту, најчешће је био голман, али није умео да ухвати ни најслабији шут. Безнадежан случај! Отуда се у мени наизменично смењивало страхопоштовање док бих га слушао како одговара на сва питања и с лакоћом решава задатке у школи, с немим презиром када бих гледао његово трапаво учешће у нашим играма. Није да се није трудио, али...

Гризао сам огромно парче хлеба премазаног мармеладом бранећи се левом руком од роја мува које су такође желеле мој доручак.

„Ноћас комарци, сад муве, ми смо овде горе као у зоолошком врту. Не би ме чудило да овде, у баракама, једног дана почну да станују змије и гуштери па да нас та гамад отера!", гунђао сам, али не довољно тихо јер сам чуо оца како добацује.

„Дечко, чуо сам те. Неће се овде множити никаква гамад, не. Председник општине нам је обећао да ће свака породица из барака добити комфоран двособан стан када сруше овај, овај... нужни смештај.

Замисли: висина, ваздух...", па онда застаде и, као глумци на представи у школи, кликну: „Поглед." „Поглед ће бити божанствен, седнеш на терасу, пијеш кафицу или ракијицу, ко шта воли, а поглед све преко кровова и највиших зграда оних што се гуше у оној рупи доле. Само да ми ископамо још неких шездесет тона више угља на дан па да видиш. Угаљ свима треба, лако је док овако пржи, а да их видим кад загуди у јануару. Угаљ, угаљ... угаљ." Одјекивало је све тише док се удаљавао као нека чаробна реч која ће спасити човечанство.

Веровао сам у готово све што је изговарао мој отац, поготово што је своје тврдње знао да поткрепи добром пљуском. Ред аргумената, ред шамара, то је укратко била његова педагогија коју је вежбао на својим синовима. Веровао сам му, али о тим становима, не знам, нисам био сигуран. Нисам се усуђивао, исувише ми је лепо звучало, неће то нас, збијене попут сардина у две просторије у баракама што труле и цврче, с пољским клозетом у којем увек некога има па мораш да чекаш или да тражиш најближе дрво. С оном једном чесмом из које вода и не тече већ јадно цурка, поготово лети. Ми смо поцрнели не само од сунца одозго и угља одоздо него и од глади што рије по нашим утробама откада се родимо, од немаштине коју је неко просуо на нас као што се у срећним земљама бацају конфете у дане карневала. Црни смо од злобе и зависти, понижења, сеђења под чкиљавом сијалицом која трепери пре него згасне, а највише од лудих снова којима се препуштамо кад утрне и та јадна светиљка и легнемо на улегнуте каучеве на којима се дању седи.

Што је беда већа, снови су смелији. Те маштарије нас хране и изједају. Бараке те сломе или очеличе; зато су ми се, зачуђено приметих, појавиле сузе у крајевима очију и први пут ми је било жао тог старог човека, мог оца. Тате. Плакао сам јер сам гледао како један од тих снова, нада о новом двособном стану гори и нестаје у суровом свету рудника, барака и одбачене јаловине што се надносе изнад нас попут огромних хумки.

Што су више вадили проклети угаљ, хумка се уздизала све више изнад наших глава а ми, дечаци с брежуљка из рудничких барака, почели смо да истражујемо тај непознати континент прерађене Земљине нутрине. Пели смо се уз гребени јаловине, не налазећи успут ни траг живота, ни најмањи цвет ни струк корова, само оштре, неправилне и сагореле остатке руде прерађене у флотацији, ту довезене возићима. Нигде ниједне животињице, макар залуталог пара пацова, ничег. Цепали смо онај једини пар патика и кратких панталона, верући се по врховима и удолинама тог новог организма чије је постојање раније измицало нашој пажњи, као што младом лекару промакне мали, небитни канцер.

Полако смо улазили у године када се тела буде и упућују нам сигнале које у први мах не схватамо, отуда она сметеност невиних дечака у пубертету. А да смо само знали колико су невиност и чедност лепи... И вредни; неко их чува читав земаљски живот као највећи дар. Много година касније сазнао сам да је мученик Етјен Блан, човек што је окренуо људе према крсту на брежуљку, био нека врста монаха; живео је непорочно међу људима; припадао неком религијском реду. О томе ни с ким није говорио, сматрао је да читав његов живот треба да говори сам за себе.

Наша тела су нас издавала, тражила су нешто за себе. Али шта и како? И као да невидљива рука скиде копрену што је налегла на наше очне јабучице, ми почесмо да запажамо колико су се раскрупњали мршави девојчурци, како су тамне тачке набубреле у зашиљене девојачке дојке, да су им се лица и колена заоблила. Погледи су им играли непрекидно шарајући простором, као да су погледи ловца а не до јуче мусавих девојчица што су вриштале и кад треба и кад не треба.

Кад се то десило? Како је могуће да смо то преспавали? Док смо ми јурцали за лоптом, док смо се тукли и лагали једни друге, оне су доживеле неописив преображај. То сазнање нас постиде и збуни.

Убрзо приметисмо да им нимало не смета што их бестидно загледамо, што их задиркујемо и чачкамо. Неке су нас чак и изазивале, као да су биле спремне на нешто о чему ми нисмо ништа могли знати у тим данима. Док смо се једном на одмору, мало пре дугоочекиваног распуста, по обичају гуркали и препирали, привуче ми пажњу Јасна Живковић из 8-II. Она је гледала мене, баш у мене од свих дечака у дворишту! Није могуће, освртао сам се около тражећи неког старијег, ја сам био тек у шестом, на нас су слабо обраћале пажњу и девојчице из нашег одељења.

Ова је баш зурила и нешто се дошаптавала с другарицама, али поглед је и даље фиксирала у мене. Није ми било свеједно, осетио сам малу слабост у ногама, она се виђала са средњошколцима и, тако се причало, с неким још старијим момцима.

Звонило је за час и сви потрчаше у ред, само смо нас двоје стајали повезани тим њеним лепљивим погледом. И тада она, као да је то нешто најобичније на свету, рашири ноге и показа ми међуножје. У први мах нисам опажао ништа, назирала се сенка међу пуним бутинама и Јасна учини још одлучнији покрет и показа ми своје беле, припијене гаћице. Једним потезом извукла ме је из света детињства и убацила у тајновити свет одраслих. Био сам у тој мери забезекнут да нисам схватао значај онога што ми се дешавало, само су ми приче одраслијих момака постале донекле јасније.

Стајали смо тако неколико часака, она у жељи да ја добро видим шта се нуди мојим очима, а ја запањен њеном смелошћу, уједно јој и захвалан. Насмешила се и лагано одшетала у ходник пошто се уверила да је постигла реакцију мог издајничког тела. Насмешио сам се и ја, ваљда нећу чекати још петнаест година да приђем ближе тој белини у сенци?

Од тог времена користио сам сваку прилику да завирим у тајанствену топографију женског тела, при том ме је интересовао одређен тип женске фигуре, без обзира на године. Моји погледи су покушавали да проникну у интиму мојих другарица, али и старијих, удатих жена. Оне су ми се чак чиниле раскошније и пожељније, пошто су тако добро познавале вештине које сам ја тек почео откривати.

На моје запрепашћење, увидео сам да њима та помна пажња нимало не смета, чак је већина њих показивала да им прија. Тако, значи! Све то ме је, опет, водило и у свакојака претеривања и незгоде. Два догађаја су заузела привилеговано место у галерији мојих полних доживљаја. У свим осталим походима као што је пливање, пецање, фудбал или обично бесциљно глуварење по месту тражио сам друштво осталих дечака с брежуљка. У овоме сам пак био себичан, желео сам читав ужитак откровења само за себе, за своје часове осаме у којима ћу изнова преживљавати тренутке сладострашћа.

У граду је живела жена о којој су сви, чак и најотровнији језици, имали само лепе речи. Смерност, дамско држање и неспоран морал красили су Рајну Митровић, жену директора поште, у којој је она радила на шалтеру за пријем пошиљки. Иако се убрзано ближила четрдесетој, њој године и петоро деце нису кварили фигуру, пријатан осмех и увек лепо расположење. Жене из барака имале су много теорија о узроку тог њеног чувеног осмејка што јој је титрао на лицу, али су и оне одмах искључивале евентуалног љубавника. Њено ведро расположење није могло долазити ни од мужа, човека жедног власти и притајеног диктатора; једино га је присуство те дивне жене спречавало да се ода том, и другом успешно леченом пороку, алкохолу. Није ту било нарочите мистерије, неки људи се једноставно роде такви и њихов мир им ништа не може нарушити. Рајна Митровић је ширила спокој и мир свуда где би се појавила.

Њена лепо срезана глава увек је била уоквирена свеже намештеном фризуром, понекад би у свечаним приликама стављала цвет иза ува, и то је било у савршеној хармонији с њеним пуним, црвеним уснама. Њена биста је била зачуђујуће чврста након толиких порођаја, спреда су је украшавале две савршено округле дојке, као диње; гледано отпозади, што су многи мушкарци у месту, млађи и старији, радо чинили, њен уски струк се одједном невероватно ширио лево и десно обликујући замашну и истурену задњицу. Изгледа да је Рајна била свесна утиска који оставља па је код шнајдерке шила комплете који притежу њена блага и нуде их радозналим погледима.

Убрзо она постаде сталан предмет мојих маштања; потреба је вриштала, али одговора на крик није било.

На корзоу смо шетали иза ње дивећи се њеном гипком, лелујавом ходу. После неколико кругова, постајали смо сумњиви мужу и он нас је терао док се она блажено осмехивала; Рајна се увек смешила.

„Зашто их тераш, они су деца, шта они могу знати, још су мали."

„Деца, то су они мангупи одозго...", више нисмо могли чути љутитог мужа, а она се окренула и упутила нам један сажаљив осмех за растанак. У њему није било ни примесе кокетерије, ничег неискреног, та жена је увек радила онако како се осећа. У том часу за нас је осетила сажаљење због речи свог грубог супруга; ја сажаљење нисам тражио, требало ми је нешто опипљивије, нешто што ће употпунити моју ноћну слику. Таква прилика ми се указа још истог лета.

На усијаној плажи лежали смо ја, Урош, Веља, Миле и Душан; није било никога и могли смо на миру да лажемо једни друге о својим љубавним доживљајима. Било је прeврућe, Вељин пас Цеки исплазио је језик до песка и није померао ни реп да отера упорне зунзаре које су, опијене врућином, кидисале на њега. Било је толико врело да ме је мрзело да измишљам, па сам ћутао и слушао њихове бајке.

Као и увек, најмасније је лагао Миле, правећи при том најневероватније гримасе, глумећи занос и испуштајући звуке помоћу којих нам је дочаравао тобожњу екстазу својих непостојећих љубавница. На крају ми се све смучи и кренух ниже уз обалу до једне мање плаже где није било никога. Надао сам се да ћу на миру моћи да прикупим све утиске о Рајни и да их задржим у машти, ако већ не могу имати њу у наручју. Пролазио сам поред дивљих купињака, прескакао пале гране и бирао сеновита места јер је у њима била најпријатнија гњецава глина у којој најдубље и најдуже остају трагови стопала, све док не надође вода па прелије и спере отиске.

Задубљен у своје грешне мисли, нисам одмах приметио да ходам по нечијим свежим траговима, очито, неко је дошао на исту идеју као и ја. Приметих да су отисци бројни, било је већих и мањих, можда је нека породица потражила мир на пустој плажици. Полако сам се прикрадао, слушајући дечју цику како се појачава. Била је то породица, и то породица Митровић, сви су били на окупу: муж, жена и чопор деце. Умах сам схватио зашто Митровићи не долазе на градску плажу; покварењак од мужа дозвољавао је Рајни да носи тесну одећу, али није подносио више од тога, желео је да у жениним чарима ужива само он. Па зашто сте тако себични, друже директоре, има ту довољно за све, мислио сам гледајући једре, грандиозне димензије како искачу из напете тканине купаћег костима.

Није било те одеће, нарочито оне за купање, која би укротила те раскошне женске облине чија је величина, нарочито позади, деловала као смео испад, каприц неког барокног вајара. Иако је деловало као да је тај део у несразмери са збијеним телом, као да је прилепљен, он се ипак хармонично везивао с наливеним ногама, што од колена крећу навише у облику окренутих купа и чине прегиб с оним набујалим меснатим лоптама.

Све то богатство се нагло прекидало на неочекивано уском струку који се готово могао читав обухватити шакама. Рајнина несвесна женска природа или нека друга навика држале су тај део савинут и истурен, тако да је, гледано из профила, њено масивно тело деловало преломљено у струку. То је, на другој страни, утицало да се груди оштро избаце напред, што је фигуру Рајне Митровић доводило у диван баланс.

Њено тело још није био наружио непријатељ жена у њеним годинама: згрушано сало под кожом. Чак и да га је било, верујем да би Рајна нашла у томе нешто забавно, правила би шале на рачун своје посустале женскости. На срећу, све је још стајало како треба и где треба, чврсто и једро.

Рајна је трчала с децом по плажи док је на њој све поскакивало, нагињала се да најмањој девојчици направи нешто у песку и откривала ми се у свој својој величанствености, тако на коленима, нагнута према деци. Ја сам био у жбуњу довољно густом да ме нико од њих није могао видети, али сам ипак страховао да ћу бити откривен у ухођењу. Та жена је била невероватна, у својој дечјој безазлености она се врцкала, истезала, врпољила и заузимала такве положаје да сам помишљао како изводи неку представу само за мене. Запажао сам све оне рањиве прегибе на телу жене и похрањивао их у памћење за будуће време, за вечност.

Она је дивно пливала, без напора, размишљао сам да ли јој у томе помажу велике дојке због којих јој је глава била тако дивно забачена уназад. Када је испливала на обалу, сунце се својим зрацима залете право на њено мокро тело, она се нагну у страну и једним женственим покретом оцеди дугу косу. Застаде насупрот мени да се осуши, а очи јој беху управљене у жбуње. У трену помислих да ме је приметила, али то ми више није било важно, као ни то да ли ће ме неко затећи тамо, био сам у заносу, жудња ми је помрачила свест. Природа се сама старала да се тај притисак у препонама олакша, гледао сам бестидно у ту туђу, старију жену и питао се да ли ми она узвраћа погледе. И ако је нешто и приметила, ниједним покретом ни гестом није дала мужу знак да реагује. По први пут у животу полно сам уживао иако нисам могао додирнути предмет пожуде.

Вода учини то да се купаћи костим сасвим приљуби уз Рајнину кожу, да се скоро стопи с њом те тако контуре постадоше много јасније. Моје откровење мистике телесног кретало се у добром смеру!

Из колутова у горњем делу купаћег костима набубреле две купине претиле су да вршцима пробију танак оклоп. Жена се раскречи као да се нуди, као да јој моја воља издаје наређења, а она их послушно испуњава; можда је ипак приметила неко кретање у жбуњу и високој трави насупрот себи? Игра се настављала.

Између карлица набубрела је звезда која је водила мој живот тих дана, могао сам је назрети у издајничкој линији која је пресецала то слатко поље женске тајне. Длачице, чији се корен налазио у близини трона издајнички су се подвлачиле испод руба гаћица и блистале на сунцу, мокре и сјајне. Наједном дуну прохладан ветрић и млечна кожа се најежи, желео сам да верујем да су и њу пролазили исти они трнци узбуђења што су ломили и моје дечачко тело. Она узе пешкир и поче лагано, с блаженим осмехом који је могао бити и осмех незнања, али и осмех заводнице, да прелази по кожи милујући оне делове на које бих и ја најрадије спустио своје усне и руке.

„Рајна, доста је било, идемо!", зачух нестрпљиви глас њеног мужа који нагло прекиде ову страствену сеансу. Она, смешећи се, одврати, бацивши још један, последњи поглед у шибље: „Важи, драги, дечице, спремите се крећемо, тата нас чека!"

Цептео сам од беса због тог кретена који је прекинуо моје уживање; ко зна да ли ћу икада више имати овакву прилику? Али нећу тек тако одустати, решил да кренем за њима. Навукох купаћи и упутих се за Рајном и њеном бучном породицом.

Ишли су уском стазом и, на несрећу, она је ходала испред мужа носећи кћеркицу у наручју. Ипак, могао сам је чути како непрекидно нешто брбља као девојчица кад јој се испуни каква жеља; бујицу речи прекидао је у правилним интервалима звонки смех. Могао бих читаву вечност да слушам Рајну Митровић. Њено брбљање и смејање били су најлепша музика за моје уши. Муж је по обичају мрзовољно ћутао, кратко одговарао и с муком кроз грање купина и других биљака око стазице провлачио гојазну телесину. Псовао је сигурно у себи врућину, коју никако није могао поднети и муве и купине, увек иста дечја запиткивања и то брбљање које никада неће престати.

Напокон избисмо на чистину близу игралишта; био сам довољно близу да чујем Рајну како враголасто изговара.

„Драги, твоја женица мора да пи-пи. Узми малу, идите, ја ћу вас брзо стићи."

„Добро", одврати он преко воље узимајући поспано детенце.

Е, ту сам те чекао, Рајнице, нећеш измаћи из канци моје неутажене похоте! Она није знала оно што је знао сваки мангуп с брежуљка, да је расклиматани, полусрушени клозет поред игралишта имао једну незгодну фалинку. На једној стражњој дасци испао је чвор и радознало око могло је свашта видети унутар тог објекта који је саграђен с часном намером да сачува човекову интиму. Овај клозет је није могао пружити, али то Рајна никако није могла знати пошто није, бар до данас, имала никакве везе са житељима оронулих барака на брду. Зато је она, по обичају мало унапред савинута у струку, снажно лелулајући тканину обавијену око снажних бокова, улазила право у клопку. Мени је срце готово стало: сад или никад!

Потрчао сам кријући се иза гомила набацаних цигли, шута и смећа, и стигао пре ње. Заузео сам најудобнији положај и проверио колико се унутра може видети. Видела се читава унутрашњост, одлично! Зидови од дасака су пропуштали светлост на местима где су се оне расушиле; хвала, Боже, и на томе. Клекао сам и чекао у својој ложи на отварање сезоне у том сасвим необичном театру.

Рајна је, прилазећи клозету, певала и звиждукала нешто весело за своју душу, нешто што певуши у кухињи или док пресвлачи бебу. Има нешто у младим мамама што их чини бесконачно пожељним, па и док су у другом стању, с набреклим дојкама, пачјим ходом, проширених карлица, заобљене пред навалом хормона женскости и плодности. Ова мама уопште није опрезна, мислио сам док ми је срце тукло мукло, а његови откуцаји замирали. Да ли ће се десити оно о чему сам маштао под покривачем, да ли ћу напокон видети ту најбоље чувану зону на телу жене?

Из нужника је допирао отужан, топлином летњег дана појачани воњ. Тај расклимани нужник користили смо углавном ми, дечаци с брда, али врло непажљиво тако да је унутра био страшан неред. Жена то није могла знати, њу је „притерало", како се говорило у нашем крају и није могла много да бира. Зачух шкрипу врата и приљубих лице још јаче уз зелену избледелу даску; жена уђе и, схвативши да се скоро нема где стати, изусти само једно полуизненађено, слабашно: Ах!

Пажљиво је газила по поду нужника тражећи незагађено место, несвесно ми помажући у смелом подухвату. Она је морала да скине тканину обмотану око бокова и окачи је о куку на вратима, онда, мало размисливши, уради то и с купаћим гаћицама. Срце ми је сад дивље лупало, у ушима ми бубњало, мојим зеницама откри се чаробна шума између бедара, као и почетак једне бразде која се губила доле међу ногама. При сваком наглијем покрету откривао сам нешто ново, а оно што сам слушао у глувим ноћима у чекаоници железничке станице коначно је добило своју форму, и то какву форму!

Рајна се пробијала кроз нечистоћу, просуту без реда по клозетском патосу. На моју велику срећу, била је исувише фина да би учинила оно што смо радили ми: полако смо се помицали према вратима обављајући нужду.

Окрену ми леђа, а мене подиђоше жмарци, нека топлота обли читаво тело; Рајна Митровић чучнула је и на неколико центиметара од мог ока изложила обилну, зрелу лепоту жене и мајке. Била ми је толико близу да сам видео траг ластиша, место где је опасавао набрекле бокове; црвенело се и било рецкаво. А онај део њеног крупног тела који је тако брижљиво био стешњен у невидљиви веш и сукњу или хаљину, сада је бујао, као да је још нарастао, ту надохват руке.

Две крушкасте полулопте беху се раздвојиле напола нудећи погледу удолину која је била тамна и на појединим местима покривена длакама. Њој се изгледа све гадило у том расклиманом нужнику, те је тако морала да стоји на прстима да би обавила оно због чега је ушла, то је опет тако затезало предео испод стомака да се њена бразда раздвоји потпуно; учини се као сочно воће, које је услед презрелости напукло и открило свој сластан садржај. Што се мене тицало, будући живот могао сам провести приљубљен уз даске овог пољског клозета, све док је унутра била она што распаљује и гаси овако недужно моју пожуду.

Шшшшшш! Одједном се зачу шиштање и ја видех обилан, при корену стабилан, али при врху распрскан на мноштво сјајних капи, мали водопад унутрашње течности. Док је млаз отицао из њене нутрине, жена није крила олакшање, већ је различитим звуцима показивала колико јој то годи. Мокраћа је добовала и прскала по нашим скорелим остацима и употребљеном новинском папиру, полако формирајући барицу. Прилично се одужило док јој се бешика није потпуно испразнила, а за све то време ја сам уживао у дивном призору у упорној неверици да се све то дешава и да није само празно младићко маштање.

Нисам се умарао, па ипак, осећао сам да наилази тренутак пражњења чија ме силина, ипак, запрепасти и примири, клонуо сам у зеленило испрскане траве падајући скрушено пред олтаром чулности те безазлене жене. Мора да се при томе из мојих уста отео неки јачи уздах или тихи крик, тек следећег часа док сам вирио видех Рајну Митровић како се журно облачи и осврће сатерана у мрежу туђе опсесије.

При том, муж није био толико глуп као што сам се надао. Он се беше враћао с дететом у наручју чудећи се зашто драгој женици треба толико много времена за обично „пи-пи". У тренутку је видео све, мене на коленима иза клозета, изможденог, без осећања за реално време и простор и своју драгу којој се изгубио онај вечити осмејак и уместо њега се јавио израз најближи изненађењу пудлице када је неки грубијан шутне у пролазу, њу коју сви мазе и љубе. Јадна жена није у почетку схватала узрок нељудске мужевљеве дреке, његово испуштање бебе (готово да ју је бацио у трње крај пута да вришти) и његов трк према њој. Ја сам био мало присебнији од Рајне: потрчах према зиду који је водио у Пољопривредну задругу, знајући да ће гневни муж, и поред додатне снаге коју му је подарио праведни гнев главе породице, морати да се покори сили теже, да ће га трбух вратити доле.

Он није могао да прескочи зид иако се својски трудио. Био сам довољно дрзак да се повратим и слушам свађу двоје супружника, жене која није била ничега свесна, помало јадне у својој безазлености, и мужа који је покушавао урлајући да објасни како је њему управо укаљана част.

„Упамтио сам ја њега, ухватићу га кад-тад!", урлао је у прекидима док напокон није успео да објасни жени шта се десило. Међутим, Рајни се полако враћао пређашњи мир, али не тако брзо и не у потпуности; трудила се да јој глас звучи као и раније док се отресала непријатних дешавања из свог живота лаким тоном праведника. Овога пута она је очима странца, па био то и клипан с брежуљка, открила своју најскривенију интиму; муж није могао поднети помисао да је његово лично благо постало предмет такве животињске жудње. Према тако респектабилној жени! Њена аура као да се мало крунила док је супругу изговарала помирљиве речи гласом који је неприметно подрхтавао, мада се трудила да му поврати пређашњу ведрину.

„Драги, он је само неваспитано дете, не секирај се, идем код бебе, није требало да је оставиш онако."

Муж се поново разбесни, разгневио га је тај тон који му је вероватно дуго, дуго већ ишао на нерве, но дотад није имао праву прилику да се обруши на своју жену. Право говорећи, ни овога пута није је имао јер Рајна није учествовала својом вољом у целом том скандалу, али он је користио пружену шансу да се истресе на ту питому жену. Гласови су се удаљавали и сада их је надјачавао плач бебе, а и Митровић је изгледа схватао да је о овоме боље ћутати. Том беднику из барака ионако нико нормалан и поштен из града неће веровати да је шпијунирао његову узорну жену док је ова боравила на тако деликатном месту као што је усамљени пољски клозет.

Ух, како је било добро, како је било добро, понављао сам трчећи према брежуљку и већ по пети пут присећајући се свега што сам видео, трудећи се да ми баш ниједан, ма колико небитан детаљ, не ишчили из свести и памћења. Ово је био прави почетак мог путовања у свет греха и телесне насладе.

Сигурно је да се нисам могао зауставити на томе сад кад сам на овако величанствен начин иницииран у доскоро забрањено подручје уживања. Између непревазиђене епизоде с поштованом Рајном Митровић и мог следећег узбудљивог доживљаја протекло је неколико дугих месеци поста.

Сваки наредни пут када бих сусрео од свих поштовану поштанску службеницу Рајну, дрско сам јој загледао у зелене очи, желећи да она некако докучи да сам ја онај дрзник што је завирио у њен најличнији свет. Оно што се десило, њој је одузело део премоћи што је имала у односу на остале жене у граду, више није тако високо држала главу и посматрала оне доле с нехајним осмејком. На поглед јој се навукла нека мрена и помало је подсећала на прогоњену животињу. Осећао сам како ми расте самопоуздање увек кад је сретнем, да у мени набуја премоћ због тога што она за мене није била, као за друге мушкарце, недодирљива дама и лик из маште. Поред ње хода муж и даље држећи главу високо као гусан, али он се не рачуна, он чак није ни знао праве размере погибељи којима се његова драга жена изложила врло, врло неопрезно у јавном нужнику крај игралишта.

Понос, чак и нека младићка гордост, свег ме је обузео јер сам у њену интиму зашао дубље него што ће то икада учинити муж с којим дели кревет, дубље чак и од ње саме. Угао у коме се нашло њено раскошно тело био је стварно веома компромитујући и незгодан. Да ли је она то знала? Надам се да јесте, увек сам се трудио да то схвати чим сретне високог мршавог дечака из барака на брежуљку изнад града. Гледао сам је као што мужјак посматра женку, а она, вођена женским инстинктом, никада се није пожалила супругу на мене. Осећала је да ту нешто не би изашло на добро.

Горе међу расушеним, од сунца и снега напрслим бараками нисам могао наћи девојку или жену ка којој бих управио нарастајућу жудњу, некако су све биле обичне и доступне. Мене су привлачиле горде, хладне лепотице или оне које су бар желеле да изгледају тако. Оне су носиле тајну, док су наше излагале своје чари без претераног премишљања, у њих се не бих могао заљубити, оне су нудиле своју вањштину исто као што трговац нуди робу у излогу.

Једини младић из града који се дружио с нама, прокаженим момцима с брежуљка, био је Горан, син нашег доброг тренера, чика Салета. Није био превише даровит, али је недостатак талента надокнађивао великом марљивошћу. Тренер га није штедео да се не би казало да има предности као његов син; био је обичан, али веома поштен и добар на онај начин на који мени и мојим друговима с брежуљка никада није била дата шанса да будемо. Живео је у мирној, складној породици и имао старију сестру од двадесет и нешто година, за коју се говорило да је верена за неког нашег гастарбајтера из Аустрије и да верно чека дан када ће овај добити право да се ожени њоме и одведе је у тај бољи и богатији свет преко границе. Да би прекратила време у чекању, уписала је неки факултет тек да би се казало да има неке обавезе, мада су сви говорили да само убија досаду док се не појави вереник с папирима.

Жаклина је била ониска, кратких ногу, помало чак и здепаста, али је било нешто у њој што је могло привући мушкарца. Њен ледени поглед водњикавих очију распршио ми је сваку наду да ћу ишта постићи код ње; волела је да људи о њој мисле као о санти леда коју може растопити само ватра што тиња у далеком Салцбургу. Њена мајка, припроста, здепаста такође, хвалила се на послу да њену Жаки није дотакла мушка рука. „Чува се за брак", говорила је с приглупим изразом лица. Иначе, била је то веома добра жена, али је у својој ограничености попреко гледала на мене, нарочито откако сам чешће почео да долазим код њих. Нарогушила би се попут квочке када су јој пилићи били у опасности.

Ја сам већ био препреден и задобих њено поверење уз помоћ безвезних поклона и пристојних комплимената, у складу с њеним годинама и успаваном женскошћу. Она се одобровољи, чак поче да ме стално нуди колачима које сам ја прождирао очима док сам одмахивао руком.

„Нисам гладан, ево баш малочас смо устали са стола. Мама је такође правила дивне колаче (лагао сам бестидно), хвала вам, сит сам. Узећу само један да вас не увредим." Жвакао сам дуго ситну посластицу док ми је желудац завијао и цвилео тражећи још, но ја сам се дисциплиновано уздржавао јер сам у тој кући желео да добијем нешто много слађе од комада обланде. Вребао сам час, у сваком тренутку свестан своје притворности; покретала ме је сила јача од части или провинцијалних конвенција, а ја нити сам желео нити сам могао да јој се супротставим.

Вребао сам прилику када чика Сале и тета Магда нису код куће да покушам да се приближим недодирљивој Жаклини, која ме је само посматрала хладним очима и пролазила поред мене не осврћући се. Сазнао сам да ће родитељи отпутовати на свадбу у Смедерево за викенд и већ сам се договарао с Гораном да у суботу дођем код њих. Овога пута изговор је био неки филм који сам желео да погледам, а једино је он од свих младића које сам познавао имао телевизор.

„*Битка на Неретви*, важи, и ја једва чекам."

Окупао сам се, испрскао се јефтиним очевим лосионом после бријања и звиждућући кренуо према њиховој кући. Вече је било спарно, стално сам спуштао главу према пазуху бојећи се да ћу осетити зној. Тренерова кућа била је близу брежуљка, тачно у подножју калдрмисаног пута који води ка баракама. Била је то обична, безлична кућа у облику коцке, с три собе, али је двориште било прелепо уређено, о њему је водила рачуна тета Магда; стално смо је виђали како обрезује руже, пресађује лале или залива траву.

Пре него што сам позвонио, поњушио сам још једном пазуха, пљувачком сам кротио немирне чуперке и спремио најљубазнији смешак очекујући Жаклину да ми отвори.

„Здраво, стигао си, упадај", весело ме поздрави Горан. Нисам успео да се до краја уздржим, излете ми.

„А где је Жаклина?" Он ме погледа зачуђено као да се пита зашто се интересујем за њу.

„Да ли је и она отишла на свадбу? Јер нам је чика Сале рекао да нећемо имати тренинг", покушавао сам да изгладим своју неспретну реакцију.

„Ма не, ту је, у купатилу. Стално је у купатилу, не знам само шта тамо толико ради!", рече он изнервиран при помисли на сестрину манију.

„Девојке воле да се сређују", рекао сам мирно.

„Да, а за кога се она то па спрема када јој је онај чак у Аустрији. Нигде не излази, само буљи у телевизор, прича телефоном и по читав дан не излази из купатила. То она ради, нисам видео да држи књигу у рукама. Студент!", додао је подсмешљиво.

Ушли смо у собу и ја сам сео на место где сам обично седео када је ушла Жаклина, огрнута пешкиром док су јој се по телу још сливале капи воде. Другим пешкиром трљала је косу. Ја сам устао као да се у каучу налазио напукли федер који ме је одбацио, пружио сам руку упразно. Она промрмља „здраво", не гледајући у мом правцу. Чуо сам како у кухињи пита Горана где је фен за косу.

Филм је почео у девет; а пре тога нас двојица смо причали о свему и свачему, највише о фудбалу. Мени су мисли ипак биле окренуте ка Жаклининој соби у дну ходника, погађао сам шта ради, да ли маже нокте на стопалима док јој пешкир спада с тела... Нешто након девет сати зазвони телефон, а Горанче се уопште не помери. Зврррррр! Звоњава се чула сигурно и у суседству а нико се није јављао. Док сам се мешкољио и погледавао у ходник из кога је апарат бесно зврчао, Горан ми добаци не склањајући поглед с екрана.

„За Жаклину је, сваког викенда је зове и причају по пола сата најмање."

Схватио сам да вереник жели да је чује. И, заиста, убрзо сам чуо њен глас у ходнику, био је полетнији и с неком лаком сетом у тону коју нисам очекивао од ње. Бар према мени није била таква. Али, ја нисам био Жаклинин вереник и нисам живео у Салцбургу, већ у суморним баракама на брежуљку.

Једно уво сам подешавао да прати филм, а друго сам начуљио према ходнику покушавајући да уловим делове разговора. То и није било тако тешко јер је Жаклина прилично гласно говорила и, после уобичајених питања и одговора, конверзација је кретала према интимнијим темама. Схватио сам то по нешто утањенијем гласу девојке која је желела да каже нешто смело а да нас двојица то не чујемо. Гугутали су тако добрих пола сата, можда и више. Разговор се заврши уз пуно цмокања у слушалицу, много излива љубави и обећања верности у дугом чекању.

„Волим те, волим те, волим те", допирала је јека љубавних завета из ходника; Жаклина је напокон спустила слушалицу и отишла у своју собу. Док сам посматрао црно-беле слике на телевизору, свест ми је била окренута окупаној, разнеженој девојци која не примећује да постојим. За то се нисам много бринуо, она није спадала у групу оних које бих могао да волим; Сека, да; ова ме интересује само у једном јединном смислу. Жаклина је требало да буде следећи степеник на мом уздизању у тајновити свет полног живота, само то.

Филм је био досадан и предуг. Уосталом, гледао сам га најмање пет пута до тада. Горан је врло пажљиво пратио шта се у филму збива и више није проговарао. Погледах на сат: десет. До ђавола, ништа се вечерас овде неће десити!

Када сам пажљивије погледао ка другу на фотељи, изгледао је превише удубљен у филм, нагнуо сам се и с радошћу открио да је заспао. Јасно се могло чути како равномерно дише. Добро, а шта ти ради сестрица док ти нунаш? Нацерио сам се док су ми добро познати жмарци силазили низ кичму. Сад или никад, ако је тако, онда сад!

Већ сам имао искуства у прикрадању жени, присетих се авантуре с Рајном, и пажљиво, на прстима, почех се приближавати вратима Жаклинине собе. Био сам опет миљеник судбине, кључаоница је отварала широки видик на девојачки кревет од белог дрвета; лежећи поред упаљене стоне лампе, Жаклина је читала неки магазин. Светлост испод абажура искоса је падала на усредсређено девојчино лице које је под таквим осветљењем задобило нешто скоро племенито и духовно.

Она је имала у рукама илустровани часопис у којем је очито пронашла нешто врло интересантно, чак и узбудљиво; то се могло помислити због њеног дубоког дисања и мешкољења под танким покривачем. Ноге је држала напољу и оне су непрекидно стругале једна другу као да се бране од неиздрживог напада свраба. Уопште, Јаклинино понашање је обећавало, или сам бар ја желео да буде тако.

Учинило ми се да се нешто дешава испод покривача, Јаклинина десна рука се непрекидно померала тражећи најбољи положај, а када га је најзад пронашла негде испод појаса, примири се. Ја сам, трепереци, прислањао час једно, час друго око на кључаоницу трудећи се да будем нечујан због Жаклине, а и због Горана, на кога сам заборавио препустивши се забрањеном призору у приватности девојачке собе. На почетку сам чучао, али ме онда заболеше колена пошто се унутра ништа интересантно није догађало, па одлучих да седнем и покушам да тако вирим. Успело је, сада сам могао још дуго да проведем испред врата јер ме је неко веома јако предосећање уверавало да ће се мој труд на крају исплатити. Напрезао сам свој ум да шаље менталне сигнале ка Жаклини како би она нешто урадила, баш онако како сам чуо од Уроша да треба чинити кад нешто желиш изнад свега.

Док сам се напрезао да шаљем сигнале и наместим се најбоље што могу, промакао ми је сам почетак девојчиног ступања у акцију. Десна рука која је најпре мирно почивала близу слабина сада се неприродно брзо покретала правећи наборе на тканини баш онде где сам посматрао с највише пажње. Дакле, ипак није таква светица каквом се жели приказати, можда ни приближно. Видећемо, овде се има шта видети. Рука јој је ритмички нешто чинила испод прекривача, ја нисам знао шта, међутим, ма шта да је радила, то је изобличавало њено лице и чинило га пожељним и рањивим. Гризла је уснице, плазила језик, набирала кожу око очију а за све то време лице јој је мењало боју од бледог до црвеног, и обратно.

Више за њу (и за мене, такође) није постојао спољњи свет, ограде, границе лепог понашања, стид или нешто налик томе, постојало је само то непрекидно, све жустрије кретање, његов ефекат на лицу, а све више и на телу измењене, стране Жаклине. Ноге је снажно раширила и истовремено издигла карлицу изнад душека, засигурно да би имала бољи прилаз тачки своје страсти. На моју жалост, прекривач је упорно остајао преко ње тако да је мом ужареном погледу остала непозната природа тог свечаног, узвишеног чина који је тако дивно преобличио лик девојке; он се сада чинио нестварно лепим. Жаклини изгледа није било доста дражења једном руком, већ левом стаде гњечити надошле, као код младе труднице пуне дојке. То јој је посебно пријало; наслућивао сам да се креће ка олакшању. Снажно је мрштила кожу око очију, усредсређујући се на извежбане покрете; сваки би јој потресао тело у потпуној милини. Тело је вибрирало под прстима, грчило се, увијало, али напон који је пламтео изнутра није могао да истресе. Мрштење постаде толико интензивно да је неко, када би остала само једна слика, истргнута из читавог тог дешавања и задовољавања, могао помислити да девојка трпи снажан бол. Никад му не би пало на ум да је она у том тренутку у стању блаженства, надомак коначном прочишћењу и гашењу запаљене ватре у младом, усамљеном девојачком телу.

И скоро када се то имало десити, наједном се зачу пуцањ из пушке, девојка се укочи и скамени, њене се очи вратише у овај свет. Копрене нестаде, а у њима се читало огромно разочарање и притајени бес због осујећења. У маху се сетих да се то глупирају резервисти смештени у школи у близини њихове куће. Жаклина се неко време стаде премишљати па онда изнова започе свој тешки незавршени посао, али је сада ишло некако још теже, мада се мора признати да јој приљежности, а ни одређеног искуства, није недостајало.

Мене је бринуо Горан, зато се полако прикрадох у собу. Он је сада већ озбиљно хркао тако да сам се умирен вратио на своју позицију. Жаклина се мучила, било ми је јасно. Треба јој помоћи, шаптао ми је део мозга опијен похотом. И пре него што је онај други, рационални, у тој ситуацији мањи део свести могао реаговати, нагло сам отворио врата. Девојка је занемела, отварала је уста, али из њих није излазио ни дашак ваздуха, а камоли крик или позив; подсећала је на уловљену рибу која се не сналази најбоље када је извуку из природне средине.

Ја сам стајао наднесен над њоме, сигуран у себе, у своје мушко право на женку; скинуо сам панталоне и остадох наг пред њеним лицем крвавим од стида. Приближавао сам јој се неумољиво фиксирајући њене очи у којима сам читао чуђење, стид зато што је ухваћена у ономе у чему је уживала све ово време, у ономе што је сматрано развратом коме се младе девојке морају одупрети.

Оно што се испречило пред њом, пропело у пуној снази и обиму, потпуно ју је спречавало да се понесе онако осорно како се понашала ван ове собе и кревета. Овако, лежала је рањива, откривена у безазленом пороку, с отвореним пролазом у дубину тела. Зурила је фасцинирана оним што види на једном неухрањеном, од сунца потамнелом младићу, скоро дечаку с брежуљка. Иако сам и сâм био бескрајно узбуђен и у неком стању ледене хистерије, с нервима напетим и спремним да учине нешто несвакидашње, приметио сам да Жаклина не може окренути раширене зенице у страну, ни горе, према мом суровом, победнички искеженом лицу.

Лежала је не помичући се, с очима напола испуњеним страхом и стидом, напола нечим што је надолазило из зјапеће утробе, нечим безименим, али страшно одређеним. Тај невољни грч исконског женског порива, оне ватре коју само одређена врста течности може да угаси, преплављивала ју је целу и терала девојачки стид из раширених зеница. Жар образа није више био истог квалитета, ватра пожуде запалила је и њу подједнако јако као и мене самог. Њен укочени поглед наликовао је погледу хипнотисане животињице коју је обузела немоћ и укоченост пред блиставим телом велике змије.

Жаклина се одједном сломи, омекша, збаци покривач и прихвати ме оном десном, вредном руком, повлачећи ме на себе. Помислих да сам легао на жеравицу, сва је горела споља, као и изнутра, испод трбуха. Показала ми је шта тачно очекује да урадим, мада се мени та припомоћ чинила излишном. Одвео сам је неколико пута те влажне вреле ноћи тамо где јој није допустио да оде онај неопрезно испаљен метак из пушке неког пијаног резервисте. Њему сам дуговао захвалност зато што сам рано постао мушкарац, мушкарац под којим жена цвили и јечи, плаче и моли; мрзи и воли онога што је извор сладострашћа помешаног са стидом пасивног, женског пола.

Горан је спавао праведничким сном док сам одлазио из куће и док ми је Жаклина у спаваћици утискивала ко зна који пољубац пре растанка. Она се након те ноћи није више могла препознати, постаде нежна и предусретљива у толикој мери да сам је морао упозоравати на понашање кад су укућани били у близини.

И тако смо почели да живимо у хармонији, ја и породица мог фудбалског тренера. Чика Сале и Горан нису ништа приметили, а тета Магда јесте, сигуран сам у то, мада је то дубоко прекривала неком исконском, вековима гајеном женском солидарношћу. После сваког нашег сусрета, Жаклина ми је жучно шаптала: „Како ћу ја без тебе, како ћу ја без тебе? Зашто ниси бар мало старији?"

Док је изговарала „зашто ниси старији", знао сам да мисли: „да си бар мало богатији, да бар не живиш у баракама, чекала бих те још неколико година". Не могу рећи да ми није годила та посебна пажња, али истовремено сам назрео и сенку омче која је почела да се намиче око мог жилавог врата. Нећемо тако, имаш вереника који те чека, дочекаће те, а ти немој ништа рећи и сви ће бити срећни. И задовољни. Ако си била спремна да се бациш на мене иако си презирала моје порекло, и мене би изневерила. Не, хвала. Друга врста девојака, Сека на пример, никада не би то приредила некоме кога воли.

После почетног устезања, постала је врло слободна у својим захтевима и прохтевима, понекад су се они чинили врло раскалашни и неприлични вереници младића који вредно ради за заједничку будућност. Зар је могуће да је реч о оној истој девојци која ме је пре само неколико дана нипоштавала? Сад се претворила у укроћену дивљакушу спремну да испуни сваку жељу новог господара. Ни сам нисам примећивао кад би се пришуњала уз мене, обухватала ми тело немирним рукама и прислањала усне уз ушну шкољку и, драшкајући је, уз врели дах жудње, просиктала измењеним гласом: „Хоћемо ли на брзака, сви су у башти!" У тим моментима заборављала је на обзир и опрез, понашала се попут раскалашне жене коју води пламен из дубине утробе.

После сваког вођења љубави, у мени се јављала нека тешко описива мешавина засићености, досаде и малог презира према здепастом телу које се и даље припијало уз моје испражњене слабине и бестидно предлагало: „Хоћеш још, баш би нам пријало". Увек је говорила у име нас обоје, мада је и сама увиђала да ми није више до тога, да бих можда устао и обукао се или заспао. Ни после тог додатног напора и гашења последњег трага страсти, није ме пуштала, обавијала се око мене лепљивим телом, задовољно предући и без престанка брбљала у часу кад сам желео само тишину. Неколико пута био сам на ивици да јој кажем да престане, али знајући за њену пргаву нарав, само сам ћутао размишљајући о другим девојкама или фудбалу.

„Полако, видеће нас неко", извлачио сам се из тих загрљаја који су почињали да гуше.

Жаклине ми убрзо постаде жао, у тренутку слабости учинила је нешто што ће је пратити целог живота. А кад је већ направила нешто тако глупо, прибегавала је женском самозаваравању, оном поступку када женски пол, несвесно и инстинктивно, једну лаж прекрива другом. Она поче да убеђује себе, а и мене, да је заљубљена, да не зна да ли ће икада више моћи вереника да воли као раније.

„Не знам како ћу тог човека моћи да погледам у очи", говорила је мелодрамтским тоном гласа „Тог човека." Умало јој се нисам насмејао у лице кад је први пут изрекла, пренемажући се, те речи. Одавде је требало што пре повлачити се јер је Жаклина могла у свом малограђанском мозгу храњеном петпарачком литературом, да непорециво убеди себе како ме истински воли, како више неће моћи „да замисли живот без мене".

Нисам могао да је оставим тек тако, ипак ми је пружила лепе моменте, та мала здепаста Жаклина. Зато сам сео и читаво једно кишно поподне писао својим још дечјим рукописом љубавно писмо за које сам знао да ће га она доживети као опроштајно. Почињало је, сећам се, са: „Жаклина, душо моја..." Намеравао сам и, мислим да сам у томе и успео, да јој у тим реченицама покупљеним из јефтиних романа и свега онога што би она сама желела да чује опишем како схватам да нисам достојан њене љубави и жртве. И тако даље, све отужније и љигавије. Могао сам да је замислим како у сузама, али с извесним скривеним задовољством, чита те редове, а онда, поносна на своју фаталну женску лепоту, сакрива писмо под јастук и смирено тоне у сан. У пренемагању сам био толико успешан да је она, кад бисмо се срели, упућивала сажаљиве погледе према мени, а ја сам прихватао игру одбаченог љубавника и ћутао.

Тако се окончала ова маловарошка романса, прва у низу које сам имао с нашим девојкама. Много касније, увидео сам да и оне девојке и жене које сматрамо светским дамама имају много више сличности с нашом Жаклином него што би то икада признале.

Преко пута наших врата, у собици мало већој од оставе, живео је господин Етјен Блан, Белгијанац, предратни технички директор рудника под концесијом.

У Краљевину Југославију стигао је с тридесет и нешто, након што је неколико година провео у рудницима на афричком континенту. Стари инжењер није се нама деци с брежуљка чинио страним, нити смо се питали откуда он међу нама. Када су победили марксисти, он је неким чудом преживео, можда га друштво комесара није маркирало за одстрел зато што није живео у вили која им је запала за око како би у њу могли да сместе своју многобројну родбину. Живео је у скромном службеном стану у близини управне зграде. Било како било, преселили су га у бараке и он је живео с рударима и њиховим породицама, чекао у реду за нужник и чесму, смрзавао се зими и знојио лети у малој ћелији. Парадокс, један од многих у нашим животима горе на брду, био је у томе да никад нисмо имали довољно угља за грејање, мада су га наши очеви свакодневно ископавали на тоне.

Он је одавно умро. Умро? Не, његов крај не може се тако описати. Био је то спектакл какав се није памтио у баракама на брду. Бар се тај догађај урезао у срца и душе нас дечака који смо му и сами били сведоци.

Чика Етјен није много говорио, али је то чинио на беспрекорном српском језику, у његовом изговору није било ниједног звука који је одавао странца и изазивао подсмех. У граду је живео неки Шваба заостао из рата који је, како је причао, толико заволео наш свет да се није желео вратити у Немачку. Док су га слушали, старији су се смејуљили, а дечаци се ваљали од смеха. Овоме то није било битно, наликовао је џелату који се покајао и искупљивао помажући жртвиној породици. Носио је воду, робу на пијацу, чистио снег испред кућа, утоваривао угаљ, све оно што су касније наши Југословени радили у његовој домовини.

Инжењер Етјен Блан је први и можда једини човек кога сам упознао, а којем је назив господин одговарао као што рукавица належе на руку. Рудари с брежуљка, једноставни и сирови, високо су, на свој особен начин, ценили овог човека. У њему нису видели само главног инжењера, бившег техничког директора, већ човека толико милостивог да донесе међу њих нешто о чему су тек читали у новинама. Био је један од нас али на дискретан начин, у мимикрији је био довољно успешан да његово уљудно опхођење нико није сматрао чудним на ветрометини барака на брежуљку. Његова је кошуља блистала и она је била, добро сам упамтио, једини бео предмет на брежуљку. Белило инжењерове кошуље истицало се у мркоземљаном амбијенту барака и јаловине над њима. Његово одело било је окрпљено, али чисто; недељом је носио још и шешир и кравату, тегет с плавим туфнама. Приметио сам да се не одваја од књижице увезане у кожу; с времена на време би застао испод крошње дрвета и тихо читао мичући уснама; лицем му се тада разливао блажен израз. Оно што је налазио у тој књизи чинило га је, без сумње, срећним, или бар спокојним, што је изгледа најближе колико човек може прићи срећи.

Био је висок, витак, благо повијен у раменима, лице му беше мршаво, скоро испијено, аскетско. Његов крупан нос, велике уши и танке усне нису изглед тог човека чинили ружним или подлим, како то бива код неких других које сам познавао. Лице инжењера рударства Блана никако није било лепо, али се његова ружноћа повлачила пред отвореношћу и добротом које су заједно исијавале из бистрих живих очију. Смејао се блажено, невино и стидљиво попут дечака. Одлично је играо шах, што је мог оца доводило до лудила; на крају је инжењер морао да допусти да и овај добије коју партију како би имао с ким да игра. И мене је научио како се постављају фигуре и неким основним потезима, чак је казао да имам смисла за ту досадну игру, али сам ја брзо нешто слагао и отишао до игралишта где су ме већ чекали за фудбал.

Изгледао је здрав, тај белгијски инжењер, само би понекад снуждено одговорио оцу кад би га питао како је: „Опстипација, мој драги пријатељу, опстипација. Шта ћете, године, превалио сам седамдесет пет. Али, иде некако."

Када је то чула моја мајка, жена се пренеразила и забринутим гласом је говорила оцу како је инжењер изгледа озбиљно болестан. Њима је та реч деловала толико страшно и злокобно да су већ сахранили драгог господина Блана.

„Јадан човек, а могао је још дуго да поживи. Ко би рекао кад га види, изгледа здраво, јако. А воли и да поједе, као и сви у овој немаштини, само не може јадник."

Ко зна колико би они разглабали о мистичној комшијиној болести да ми се на часу биологије не учини да је млада наставница у коју смо више буљили него што смо је слушали изговорила баш ону реч која је означавала болест драгог човека. И она рече како је то у ствари обичан затвор. Док сам причао код куће о свом сазнању, гледали су ме неповерљиво, али се на крају сви насмејасмо од срца, памтим то јер смех није био чест, горе, у баракама на брежуљку.

Понашање инжењера Блана нагло се изменило оне године када је требало да буде играно првенство света у Немачкој. Оно је и даље било савршено културно и уљудно, само се дешавало да Блан по неколико дана не напушта своју собицу, а и када би изашао из ње, није примећивао људе. Зурио је ужагреним очима кроз њих, није им отпоздрављао оним својим звонким гласом, журио је у малу шупу између барака број три и четири. У њу је довлачио сваки гвоздени предмет који би нашао; одлазио је и на сметлиште и тамо по читав дан претурао по смећу бирајући шипке, металне плоче, велике ексере, лим од бачених кревета и пећи и све што су обично прикупљали Цигани за продају. У почетку су сви мислили да је и инжењер остао без новца и да продаје гвожђе како би се прехранио.

Склепао је нека колица искористивши четири различита точка од бицикла и неуморно настављао да довлачи у шупу хрпе метала. У њој одавно није било места па је он све што нађе слагао на зид. Гомила је расла у складу с грозничавом брзином којом је овај посвећени човек прикупљао метал. Па он га не продаје!, чудили су се други станари барака. Шта ће му то? Да није скренуо памећу, онако паметан и начитан човек?

Питања су се множила на брежуљку, у кулоарима јадних барака што се осећају на битумен и прашину, али одговора на њих није било. Иако то он од нас није тражио, ми дечаци смо му помагали и бацали све метално што пронађемо на већ позамашну гомилу. Ни ту помоћ није приметио.

Нагло као што је почела, та опсесија скупљања гвожђа престаде. Чика Етјен се поново повукао у собицу, скоро да уопште није излазио, нити играо шах, нити се жалио на затвор. Једва бисмо га приметили кад би склизнуо поред прозора као нејасна сенка, као живот што се гаси. Изгледало је да је он своје тело подвргао неком посебно тешком режиму изгладњивања или једноставно није мислио на храну. Био је налик човеку који има своју мисију, који грозничаво пази да га не превари време и да га смрт не задеси пре него све буде удешено онако како доликује том свечаном чину.

И како је то увек бивало у микросвету барака, ни на ту хрпу инжењеровог гвожђа нико дуго није обраћао пажњу, она ионако није могла нарушити наш екстеријер. Неки би, уметничких сензација увек гладан критичар, у тој нахереној грађевини набацаног металног отпада пронашао нови концепт и стил.

После неког времена, из шупе се зачуше ударци чекића, сечење бонсеком и лупњава, што опет сврати позорност на чудновато понашање чика Етјена. Једино што смо могли видети вирећи кроз замрљане прозоре импрегниране мрежама паучине био је стари инжењер нагнут над неким папирима. Стајао би неко време и проучавао цртеже, а онда хитро одскакао према гомили и бирао елементе за некакву конструкцију чију сврху ми својим малим, дечјим паметима нисмо могли докучити. Импресионирало је с колико пажње се бивши директор рудника уносио у тај наизглед бесмислени посао. Гвожђурија! Па чак ни наши родитељи нису доспели до тог ступња очаја да прикупљају старо гвожђе, да га сортирају – јер он је то чинио, без сумње – да би га на крају препродао за смешно малу суму новца. Мора да је, ипак, мало шенуо, као што су већ сви причали. Док је улазио у тајни храм у коме је настајала његова креација, Етјен

Блан се обазирао бојећи се да неко не вири унутра. Остајао је до касно, чули бисмо пре него што нас притисне сан како упорно реже и савија метал.

После је у шупу доводио вариоца. Кроз прозоре и пукотине у правилним размацима искакали су мачеви виолетне светлости, затим би се чуло куцкање вара чекићем, онда опет исто. Ноћу је просторија блештала фосфоресцентном светлошћу као непознати, ванземаљски брод спуштен на брежуљак међу сиротињске бараке. Кроз неколико дана и то блескање и куцкање преста. Господин Блан, чинило се, остварио је свој наум. Није више спавао у својој соби у бараци, већ у шупи где су он и варилац радили, преселио се ближе својој тајновитој конструкцији.

Тај петак осванyo је као и сваки други дан у седмици, ништа није говорило да ће бити ни бољи ни лошији од других дана. Одрасли су у зору већ отишли у окно; њихове очи бар нису морале да се навикавају на видело сунчаног дана: право из полумрачне собе одгегали су се до улаза, ушли у велики лифт и спустили се у таму.

Дан је протицао уобичајено, вратили смо се из школе нешто након један и смишљали шта бисмо могли радити до вечери. Фудбал? Фудбал, наравно. Седео сам за столом и покушавао да се заситим с оним што је мама изнела пред нас. Напољу се зачу неуобичајен звук, ја сам га чуо једини јер сам очекивао да ме дечаци сваког часа позову на терен, браћа су предано жвакала велике комаде хлеба и трпала омлет у уста. Ја нисам мљацкао гласно попут њих, због чега сам био помало поносан на себе.

Звук се јави поново, али сада одређеније, наликовао је непријатној шкрипи креде по влажној школској табли. Људи почеше да излазе из барака и ускоро се начини шпалир забезекнутих станара из заборављених барака. У средини тог људског, спонтано начињеног пролаза, видео сам инжењера Етјена Блана, полунагог и ужасно смршалог, како вуче циновски гвоздени крст који му је био ослоњен на десно раме. Крст је очигледно био претежак за онемоћалог старог човека, посртао је, падао и устајао док му се оштра метална ивица урезивала у раме.

У почетку, сви су занемели, то баш нико није очекивао. И као у свакој гомили која присуствује нечему што је ван њене моћи поимања, људи почеше добацивати човеку усредсређеном на свој циљ. Тај циљ се сада јасно могао сагледати: инжењер је с крстом на леђима кренуо уз стрму јаловину која се наднела над бараке.

„Хеј, стари, промашио си смер, отпад је доле у граду!"

„Овај је баш скренуо, видео сам ја то одавно, ко би могао прво да буде директор, а после станар бараке и да остане нормалан."

Граја је постала страшна, но човек с металним крстом је није чуо. Зној се цедио низ мршаво, у чаршав умотано тело; с места где је метал додиривао кожу и кост испод ње цурио је млаз крви и спуштао се до слабина. На крсту су се тек изблиза могли видети сви они брижљиво прикупљени метални предмети. Посматран с довољне удаљености, крст је био сјајни монолит, одблесак сунца је спречавао очи да уоче неравнине и улегнућа на спојевима. Дужи део крста могао је имати преко осам метара и њега је попречни крак секао ближе врху тако да странице нису биле подједнаке дужине. Дужа страница, она коју је човек нежно обгрлио, била је око два пута дужа од горње и њен крај се вукао правећи мали канал у прашини.

Старац је пузао уз стрмину не одступајући иако је споро напредовао по склиској површи. Неки почеше да звижде и урлају као да смо на утакмици, као да је то била представа коју је инжењер уприличио за њихову поподневну забаву.

„Доста, доста, људи!", зачух глас свог оца. И заиста, сви ућуташе посрамљени због нечега. Отац крену за чика Етјеном и понесе крст скоро до самог врха хумке од јаловине. Кад су били скоро при врху у гробној тишини чули смо слаб глас: „Добро је, пријатељу мој, даље морам сам: хвала, хвала и збогом."

Инжењер Блан нам се изгуби из вида, а ја стиснух очеву руку зато што је једино он поступио како треба у том ритуалу чије се значење још није могло докучити. Нисмо га видели одоздо, само смо чули како најдужи део металног крста и даље језиво стружу по окамењеној шљаци.

Народ се збијао у свечаној тишини; жене су клечале развезавши мараме и нарицале за оним што носи свој крст. Окренуо сам се и с чуђењем видео масу која се увећавала; сасвим мала деца су мирно дошетала у први ред и гледала невиним очима навише, према хумци шљаке и чистом небу изнад ње. Стари и немоћни, они на које су и најближи заборавили, устадоше из болесничких постеља и полако дошеташе пред зид шљаке.

Читав скуп прожело је осећање непоновљивог јединства, људи су послушали нечујни глас и испружили једни другима руке и опростили једни другима бесмислене речи изговорене у јари.

Шкрипа преста и сви смо без даха гледали уздизање крста. Он је полако растао усправљан мршавим рукама којима је неко дао снагу једанаесторице јаких здравих мушкараца. Кад угледасмо крст у свој његовој величини и сјају, многи посрнуше на колена и затворише очи да би боље видели. И ја сам, као и сви моји другари, клекао у прашину; у нама поче да клија до тада непознато семе и ми схватисмо да ћемо се уздићи једино ако паднемо на колена, да ћемо победити свет уколико победимо себе. Бар је мени то пролазило кроз главу, мада сам се надао да и остали исто осећају.

Гледајући у крст изнад наших глава, као да смо заборавили на онога ко га је својим рукама направио и за све нас изнео уз хумку јаловине. Ћутали смо и гледали, у неким тренуцима једино се то може и чинити. То је било довољно.

Могло је проћи неколико минута или часова док смо били заслепљени сјајем крста, а онда се у тишини, један по један, почесмо успињати и ми горе. Крст је био побoден у рупу ископану раније и учвршћен великим камењем. У подножју крста, на месту одакле он извире из јалове материје, савио се наш драги инжењер грлећи га последњи пут. Склупчао се тако да су му ноге обавиле подножје, а колена скоро додиривала браду.

Сенка металног крста се издужила и пала на нас.

„Као дете у стомаку мајке", рече неко и сви заклимаше главама јер је то било добро речено. То је била истина. Човек је при дну крста завршио круг живота, поново је уснио у материци од шљаке која не може да рађа. Инжењер Етјен Блан, човек који је међу нама нашао други дом, далеко од родне Белгије, увео нас је у предворје одаја за које ни слутили нисмо да постоје и да нас прихватају.

Док су мученика уматали у бели чаршав, небо се помрачило и није био више дан, али није још била пала ни ноћ. Громови нам обасјаше пут до доле, расекоше тмину, а пљусак какав нико није памтио сручи се на скуп. Зачарани оним што се десило, помислисмо да ти удари муње не убијају, да су ти знаци послати да их свако чита онако како уме.

Још дуго након сахране инжењера Етјена Блана причињавао нам се његов лик међу баракама и горе на јаловини; неки су се заклињали да чују у глуво доба ноћи како неко ради у инжењеревој шупи. Ја нисам ништа видео ни чуо. Обично се каже да свако чудо траје три дана, али сам свим срцем осећао да ће ово чудо, ако се уопште ради о неком чуду, трајати много дуже. Људи из барака схватише у својој скученој моћи разумевања да ће легенда о белгијском инжењеру живети дуже од њих самих, од барака на брежуљку и од самог, чинило се, неисцрпног рудника.

Прича о инжењеру полако је узмицала пред другим догађајима горе на брежуљку, али њено повремено падање у сенку никако није значило да је она потпуно потонула у заборав. Чак су се шириле гласине да се припрема у тајности изградња мале капелице на месту где је чика Етјен поставио метални крст.

Неприметно али постојано, инжењеров наизглед сулуди поступак претварао се у мисију која је поткопала урођену склоност становника барака да верују како их је неко осудио на таворење у блату, на живот по навици, без циља и смисла. Саможртвовање Етјена Блана у нашим главама поче да поткопава, лагано, попут дубоке зелене воде, све оне наносе злобе и мржње и свих грехова којима су подложни људи у беди. Наши умови стадоше се полако чистити, чак су и наша лица некако засијала при помену имена тог човека чији смо значај увидели тек када је физички нестао. Постали смо бољи. Губио се онај, рођењем наслеђен стид сиромаха који осталом свету показује своје вечито кивно, изобличено лице, страхујући да ће они први ударити тамо где највише боли, у беду за коју ниси крив.

Етјен Блан је показао пут; већина народа с брежуљка је била спремна да белгијског инжењера сматра светим човеком, а било је и оних који су се грубо шалили да тај пут води у циновски гроб јаловине над нама, на коме је чак био спреман и крст.

Гласине о „свецу с брежуљка" проширише се на околину, па и на читаву регију с једне и друге стране Мораве. Почеше да долазе људи, прво из околних места и прво старије, ћутљиве жене, с лицима препуним патње коју су замотавале у црне мараме. За њима стадоше да пристижу и млађи, тешко болесни и непокретни, с видљивим и невидљивим ранама нанетим од живота. Палили су свеће у подножју високог металног крста у тишини што се не може чути ни у најсвечанијим приликама у цркви. Предавали су се молитвама, мада је најсуровијим изгубљеним душама, најдубље укопаним у црнило јама рудника, то био још један извор за збијање грубих шала о „мрмљању упразно".

Колоне постајаху све дуже, примали смо их на преноћиште у нашим скромним, скученим собицама, а ти добри људи делили су нама млађима ситнице које су понели са собом. Неки сналажљивији поставише тезге на којима су продавали свеће, тамјан и још неке ствари које су биле потребне људима на путу поклоњења „свецу с брежуљка", нашем драгом инжењеру Етјену Блану из далеке Белгије, кога више није имао жеље да види, нашем првом комшији и татином партнеру у дугим партијама шаха.

Читаво насеље нагло је живнуло, долазили су људи, нарочито викендима, у великом броју. Инжењер нам је помогао и на овај други начин, да мало ублажимо, захваљујући поклонима и ситној трговини с тим странцима, међу којима је било и врло богатих, нашу љуту немаштину коју смо узалуд прекривали тврдим поносом сиромаха. Они за нас јесу били странци, али смо код њих пронашли духовну блискост и сродност коју нисмо налазили код оних доле у граду.

Ходочасници су узимали делиће металног крста верујући да имају моћ целине. Умотавали смо отргнуте делове крста у најсвечаније тканине које смо имали и ћутећи их предавали у руке онима за које смо знали да ће својим устима сведочити о ономе што су видели и чули. Све то се дешавало под окриљем ноћи, наликовали смо завереницима о којима смо читали у стриповима. Добијали смо мало новца, али смо се сви пред тим витким симболом чистог срца могли заклети да тргујемо само зато што верујемо да чинимо добро.

Зачудо, крст што га је белгијски инжењер начинио својим рукама и изнео на врх јаловине мучећи своје мршаво тело нико није дирао. Људи су долазили у колонама у вечерњим часовима трудећи се да их нико не види; ноћима смо слушали стругање обуће о чворновато тло јаловине док су се успињали ка подножју крста.

Прикупио сам довољно храбрости и позвао Секу у ординацију предложивши јој да прошетамо до гаја где смо се окупљали нас троје: ја, Урош и она. После онога што је учинио Урош, нас двоје нисмо ни појединачно а камоли заједно одлазили на место које више није имало ону магичну привлачност док смо га заједно посећивали.

„Зашто баш тамо, ја нисам тамо ишла још, још... ", глас јој је дрхтао, „од лета када је Урош отишао." Помислих да је чудно што користи баш тај израз за оно што се десило, но уздржао сам се коментара. Трудио сам се да ми глас буде што мирнији.

„Ономе што нас мучи, што нас изједа, мора се погледати у очи. Да видимо је ли ђаво баш толико црн каквим се чини. И ти и ја имамо много личних разлога да не идемо у гај, али и много оних који нам говоре: идите!"

Ћутала је, знао сам да се премишља јер је кроз мембрану слушалице допирало пригушено тешко дисање. Чекао сам прибрано на њену одлуку док сам био мучен својим демонима, унеколико различитим од оних који су опседали њен ум.

„Добро, доћи ћу, мада ми се не чини превише паметним да копамо по ранама које још нису потпуно зарасле."

Нисам могао тачно знати на које ране она мисли; било ми је само битно да је на том пустом месту суочим са свим оним што носим на души од часа кад сам је угледао. Како ће она реаговати, више није било битно; мој повратак је сада задобио конкретан циљ и смер, а он је водио ка тој већ зрелој девојци у којој сам упорно тражио трагове девојчице из наше младости. Ако се моја осећања од тог времена нису готово нимало изменила, постоји вероватноћа да нису ни њена, да ће данас с више смелости одговорити на моје симпатије, које нису могле убити године и километри бежања.

До гаја смо стизали кроз густу шуму у којој је дрвеће испреплетано с густим жбуњем препуним бодљи. Зато је призор питомог, готово савршено кружног гаја, с предивном зеленом травом и зденцем у средини, још више доприносио бајковитости места. Када смо, изгребани и с лицем пуним прашине и паучине, закорачили на чистину, мени и Секи оте се узвик ведрог дивљења. Сећања су навирала неуморно, слично непрекидном млазу из дубине ледног зденца.

„Хвала ти, Уроше, што си открио ово место за нас, од сада ћемо се овде стално састајати. Али, пре тога морамо обећати да никоме нећемо одати тајну о постојању овог дивног гаја. Он је само за нас; свака реч, свака тајна изговорена у гају мора остати овде", у једном даху је изговорила Сека широко раширених зеница. Свуда уоколо, попут Бернинијевих колонада које сам касније видео на тргу Светог Петра у Ватикану, уздизала су се стабла багрема, храста и цера. Место је могло бити потпуно осветљено једино када је Сунце било у зениту и када су његови зраци падали окомито на скровити простор; пре и после подне ту је владала хладовина јер су висока стабла бацала издужене сенке с једног на други крај травњака у гају.

Никад нисмо сазнали ко је начинио тај дивни предео, а да је оно дело човекове воље, а не слепе силе природе, није могло бити сумње, пошто је неколико мањих, већ у маховину зараслих пањева, окруживало велики пањ који је служио као сто. Оставили смо само три пања а остале смо побацали у јаругу што се стрмоглављивала у близини према потоку чији је мирни ток смиривао дух и тело. Иако је кружница тежила савршенству, на једном месту је била извијена у ширину. Много година касније, у Сијени, открио сам исти поступак у планирању простора, на централном тргу где се одвијају чувене трке коња.

Из зденца је текла провидна ледена вода, а около њега расла је круна љубичасте перунике која је у дивном контрасту одударала од тешког, монотоног зеленила невеликог гаја. Док смо били мали, он нам је изгледао прилично велики, као, уосталом, и све што смо тада видели или могли замислити. Понекад, у оне дане када бисмо осетили нелагоду знајући да нам се јесен попут змије прикрада, ветар, још довољно благ, затреперио би по врховима околних крошњи и из њих би отпадали полужути листови. Тада бисмо сложно заћутали, сетни јер су дани лета били на крају, а умирање лета може се једино поредити с умирањем детињства, добом када се тако мало стварно зна, а тако много осећа. И ти предосећаји су много прецизнији од искуства, тог наталоженог знања с којим на крају човек не зна шта би. Знање корисно за свет у коме неће бити срећан, некорисно за свет који ће одумрети под налетима времена.

„Шта ти је с ногом?", запитала ме је Сека брижним тоном у којем су се шармантно мешали професионално интересовање лекара и искрена забринутост пријатеља.

„Жуљ, нажуљале су ме нове ципеле."

„Нису италијанске, ха?", погледа ме шеретски.

Измислио сам причу о жуљу јер ме је било срамота да признам како сам покушао да ходам бос до гаја, онако како смо то чинили у детињству када нисмо обували ципеле од маја до септембра. Рески бол од трна у десној нози ми је дошапнуо да се не можемо тек тако вратити у дане детињства.

„Гај је остао исти, лепо је доживети да се успомене поклопе са стварношћу. Али, пошто се увек плати цена, бојим се да је она овога пута обрачуната на нама; пошто је гај остао исти, ми смо се морали променити", започео сам трудећи се да ми боја гласа прикрије немир.

„Нешто си заборавио, њега нема, нема Уроша. А то значи да се и ово место неповратно изменило. Бројеви казују: два је мање од три."

Изговорила је то мирним гласом, превише мирним, скоро као када се шапуће поред одра или на гробу тек покопаног. Поразила ме је истинитост онога што је казала, сурова математика на коју нисам помислио. И потом тај скоро нељудски тон с којим је све то речено, без икакве интонације, само равно, једнолично истицање речи. Да је то могуће, могло би се помислити да њене гласне жице уопште нису затрепериле, већ да су остале мирне обликујући изговорено.

Када би њено лице обузела сета, Сека би била најлепша; тада се оно исконско женско повлачило и уступало место нечем што је тешко описати, али што је било фино и деликатно, управо као и њена способност да увек изговори речи у сагласју са ситуацијом. Увек сам сматрао да та Секина особина потиче из кристално чисте савести и чистих мисли које нису загадиле свакодневна мука живота, нити страсти и жудња којима се лако предају оба пола. Иако је њена фигура одавала праву, пожељну жену, нигде на њој, на лицу или у начину одевања, није се могао пронаћи позив на игру завођења. Одећа није прикривала ништа од раскоши раскрупњалог женског тела, међутим, Сека је избором тамнијих тонова и избегавањем кинђурења слала јасну поруку околини. Она одевањем није планирала да се представи као једноставна а раскошна, једноставно је била таква: скромна а упечатљива. У једном трену сам се сажалио на њу: тако деликатна особа у грубом кругу малог градића, можда у основи поштеног, но, свеједно, веома суровог у сопственом незнању и погрешним навикама. Увек ме је изнова чудило зашто Сека, која није била одавде, са својим способностима и позивом лекара, није отишла када су то учинили и они који су рођени у градићу.

Стајала је поред мене, помало страна, као неко ко зна тајну живљења, неко ко је имун на величину простора и неумољивост времена, ко зна да је увек и свуда све исто, да се може побећи хиљаде километара од других, од зграда, шума и звезда, али да се никада не може отићи из кавеза сопствених у чвор свезаних мисли. Од личног, присног понора.

„Хоћемо ли да седнемо", показао сам на пањеве постављене на углове невидљивог троугла. Онај један, преостали, одједном се испречи између нас, то празно место било је јаче од нашег присуства; гласови мртвих шуморили су кроз грање и жбуње по ободу чистине. Упркос пријатној топлоти у сени високог дрвећа, учини ми се да нас сустиже и пригрљује она слеђена рука из дубина прошлости. Зато смо опет заћутали, не гледајући једно другом у очи; претварали смо се да не мислимо о том празном седишту које се ту налазило као знак, можда опомена или неизговорена запитаност: није ли оно што сматрамо празнином тек уклоњено присуство. Ми своје мртве нисмо довољно дубоко покопали.

„Зденац је замућен, не верујем да ико више користу воду за пиће."

„Штета, зар не? Помисли на то колико вода из чесме путује по тим челичним, можда запрљаним цевима, а овде..." Цеви, како је то одвратно, сетио сам се.

„Ово је природа, она ми је највише недостајала у граду. Не идем у паркове у којима људи имитирају природу, поткресују је и заливају, док је у ствари ушкопљују и понижавају. Исто као што затварају животиње у кавезе и добијају своју сигурну, малограђанску авантуру за једно поподне. Животиње с њиховим инстинктом ловца утамниче претварајући их у лење креатуре којима бацају мртво месо."

„Огорчен си." Ово је могло бити питање, али и констатација.

„Да, мало."

„Помало ме изненадила твоја трансформација; када си отишао – немој се љутити – био си полудивљи момак, варварин, а сада ми се чини да разговарам с неким интелектуалцем. Кад и како се догодила та промена? Не желим да ме погрешно разумеш, ти си се променио набоље, обично код других тај процес иде у супротном смеру, постану гори него што су били."

„Имао сам срећу да живим у земљи где култура сусреће човека на сваком његовом кораку. После неког времена, почео сам размишљати откуда то да Италија изгледа баш тако како изгледа. Зашто су ти људи, најкраће речено, имали потребу да граде лепе зграде, тргове, споменике, фонтане и, изнад свега, најлепше цркве на свету? Онда сам упоређивао ту појаву с нашом немарношћу према простору, при том не мислим на наше бараке и градић, него на читаву земљу. Копкало ме је да ли ми волимо да живимо у нереду, да ли смо само зато способни. У Италији су најлепше катедрале, здања која немају свакодневну употребну вредност, у њима је сублимисана потреба човека за лепотом, градњом и вером."

„Никада нисам размишљала о томе на тај начин, али си потпуно у праву, људи би морали да уређују ову планету која им је поверена. Сасвим је тако."

„Дакле, почео сам да читам, и то књиге из разних области, највише из историје уметности, музике. Времена сам имао довољно, између тренинга и на путовањима. И, ето ме, аутодидакт с брежуљка пред тобом!"

Насмејала се на ову примедбу, мада сам знао да уме да цени људе који се својим трудом изборе за нешто.

Кад јој истресем садржину свог пртљага пред ноге, да ли ће разумети зашто то чиним тек сада? Хоће ли уопште хтети да схвати? Превише питања, мало одговора. Док смо седели, нешто је у мени добовало: немаш вере, немаш вере! А када нисам имао веру на терену, губили смо, осетио бих то негде дубоко у стомаку, тамо где проклија семе немоћи пред поразом или семе победе. Но овога пута нисам био у борби, ово би требало бити много суптилније; моја закаснела објава љубави.

„Можда ћу ти бити досадан, интересује ме сваки час који си провела док сам ја био ван земље. Чини ми се да је живот у малој средини тежак, много тежи него у огромном граду. Како си све то издржала?"

„Ништа посебно нисам морала да издржим, како ти кажеш, прихватила сам људе онаквим какви јесу, па су зато, верујем, и они прихватили мене баш оваквом каква јесам. Не мислим да су они гори од осталих људи на планети, или ти мислиш тако?"

Завршавајући реченицу, подесила је интонацију тако да је питање имало у себи трун фине ироније. Нисам био спреман да јој исповедам баш све опсесије из ранијег доба, борбе с правим и измишљеним злим дусима, Сека то не би могла разумети. Није рођена овде, дошла је само у госте и остала у посети двадесетак година, није успела да продре у систем зла овог места, у злобу која није наносила озбиљне озледе, већ ранице чије пецкање врло успешно квари арому живљења. Желео сам да побегнем из барака на брежуљку, од јаме што је чекала да у своју таму увуче и мене као и мог оца и друге очеве мојих другова, али сам желео и да се уверим да негде постоји свет који се не уједа између себе, пристојнији свет. Нашао сам га, али ме је стално мучило питање нисам ли и ја, налик Секи, на продуженом одмору у том далеком крају. Можда ми зато сада у староме крају, након свих протеклих дана, све изгледа боље него што јесте. Када заборављамо, заборављамо оно што је лоше, када памтимо, памтимо оно што је лоше.

„Људи углавном функционишу на сличан, готово истоветан начин, али се међусобно разликују не по ономе што кажу, већ што прећуте. Понекад треба знати ћутати, то је особина коју веома ценим код тебе."

„Ја не мислим да сам имало боља од својих суграђана, себе више не доживљавам као странца, ја сам једна од њих. Када су се моји развели, нисам желела да будем ни с једним од родитеља јер су подједнако допринели томе да нам се распадне породица. Зато сам потражила другу, овде код бабе и деде. Пронашла сам мир далеко од оних који су ме створили." У њеном одговору мој напрегнути слух разабрао је један део испуњен поносом, а други инатом.

Разговор ми је измицао, губио сам онај замишљени след реченица које морамо изговорити, а који би ме довео до сврхе мог садашњег сусрета са Секом и свих сусрета с њом и, коначно, сврхе мог повратка у град. Мора да сам у самој сржи био очајно нервозан и напет па је сензибилна девојка, иако се она није видела на површини, вероватно осећала моју напетост мени непознатим сензорима и изговарала речи које су за нијансу биле оштрије него што је желела. Ово је мушки свет, зато идемо напред!

„Никад ти није засметала безразложна заједљивост, бескорисна пакост или једноставно глупост многих одавде? Ако то није нељудска средина за живот, не знам која је."

Насмејала се нервозно.

„Питање свега је суровост, колико смо спремни да будемо брутални газећи по телима мртвих!" И то је било необично јер је скоро викнула испуцалим гласом некога ко исувише дуго у себи носи ћутање.

„Он то није могао, нимало."

„А ја, да ли сам ја био суров?"

„Свако ко превали двадесету довољно је суров да о томе нема права да говори. Такав је живот и ми у њему."

„Да ли сви морамо да се поубијамо да бисмо доказали колико смо добри?" Осећао сам да потпуно губим контролу и да падам у ватру.

„Дакле, мислиш ли да сам ја суров!" Викнуо сам у скоро савршену тишину гаја.

„Довољно.“

„А, ти?“

„Па и ја сам, чим живим упркос свему.“

„Значи, тако си ме посматрала све ове године?“

„Твоја доза суровости није малигна, имаш је сасвим довољно да се теби не деси ништа лоше. Ти си, ако се тако може рећи, поседовао урођену меру за суровост према другима, али и према себи.“

„Према теби никад нисам могао ни желео да будем такав. Што се тиче других, само сам се добро бранио.“

„Он, он, Урош, није био довољно суров за овај свет!“, викну Сека са страшним болом у гласу.

Та туга ме рани и порази. Па она га је волела, њега, не мене, само то може значити овај неопрезни крик потискиван годинама. Поред стида, осетих и незадрживу навалу љубоморе, све оно што сам намеравао да јој кажем, да јој чак дам до знања да бих желео, ако и она то жели... Сада сам највише себи изгледао смешан, у свему томе помогло ми је кукавичко оклевање, оно ме је спасло од потпуне срамоте којој сам се замало изложио. Овако сам само ја знао за ту, како се показало, бесмислену намеру. Од сада ћу и ја попут Уроша имати тајну коју ћу понети са собом у гроб. Иако сам деловао смирено, срце ми је ударало таквом снагом да сам се бојао да ће га Сека чути. Издајничко срце човека. Снагу тог ударца измерио сам муњевито, ја сам их бар примио толико да сам могао да их лако и брзо оценим. Постоје они попут убода ножем и они налик пецкању игле. Овај је био од дугог сечива, болело је из дубине.

Осетих се врло постиђеним и посегнух за цигаретом, тако ће ми уста с разлогом остати затворена за речи. Нисам могао слутити да ће овај разговор ићи овако тешко јер сам му се толико радовао. Памтио сам сваку изговорену Секину реч, почевши од трена када нас је упитала за улицу бабе и деде па до кратких упадица о Урошу и мени. И других још, те речи биле су за мене нека врста заповести којих сам се држао не размишљајући да ли су тачне. Једноставно сам их прихватао као што сам удисао ваздух.

Сећам се да ми је једном причала како често посматра свој лик у огледалу, не зато што сматра да је исувише лепа, већ стога што је човеков лик тако интересантан, непоновљив. Она је била најпаметнија од свих девојчица, ма и од дечака, само нисам био сигуран за Уроша јер је и он волео да филозофира. Само што су његове идеје биле некако тешке, мутне, неразумљиве, као да нису биле упућене никоме изван њега самог; личиле су на монолог који није смео бити изговорен, на говор затворених уста. Помало сам се јежио од његових примедби и хитро прелазио на нешто друго; увидео је он да сам му често досадан па је ретко изговарао своје мисли преда мном. А можда је Сека имала разумевања за та његова јалова мозгања, вероватно су зато тако дуго шетали и разговарали. Други дечаци су их гледали подсмешљиво и, да није било мојих увек спремних песница, сигурно би им добацили нешто одвратно. Знали су они да је то двоје чудака под мојом заштитом.

Као за инат, дим из цигарете извијао се стално у смеру Секиног лица и приметих како она, не говорећи ништа, окреће главу. Бацих брзо цигарету и почех да је гњечим бесно; мораћемо ми још о понечему да разговарамо, уосталом, на то сам чекао петнаест предугих година. Она је ту, ту сам и ја, треба почети.

Негде у мрачним одајама шуме зачула се кукавица са својим злокобним зазивањем, време је посустало, запетљало се међу густиш трња и шибља. Добио сам одговор који сам дуго тражио. Али, мени то није било довољно, осетио сам како у мени нараста онај злодух прошлости, заокупља ме целог и претвара у тамнопутог дечака с брежуљка. Готово да сам могао чути туп удар када је с мене спала одора цивилизованог човека, када се оголило одбачено обличје прогнаника с брежуљка и у њему родила дивља одлука да све доведе до краја, до самог краја.

„Ја не могу бити одговаран за његову смрт. Нисам му ја намакнуо омчу, сам је то изабрао, нисам му у томе помогао."

„Да, добро си рекао, ниси му помогао, нико му није помогао, па ни ја. Урошу није требало помагати на прагу смрти, требало му је помоћи док је још једва био жив. Слао је знаке за помоћ, али их нико није примећивао, задубљен у своју себичност. Са мном никад није желео да буде толико близак као с тобом, а да јесте, потрудила бих се да му помогнем да се излечи, да побегне од онога што је носио са собом."

„Никада, ниједном речју није наговестио да ће учинити нешто тако... тако страшно. Ноћ пре тога седели смо на станици и шалили се, сви могу да потврде. Не знам шта га је гурнуло у то. Не знам. Али ја желим да говорим о живима, о мени и теби. Много си паметнија од мене па си сигурно одавно схватила колико сам био заљубљен у тебе." Ту сам заћутао дајући јој шансу, коју није искористила, да се изјасни о ономе што је чула.

„Пролазили су сати, дани, месеци, године, много година, а та љубав није хтела да се угаси, зато сам знао да те волим. Волим те, одувек и заувек. Требало је то да ти кажем на време, али никада нисам сакупио довољно храбрости. Бојао сам се само да ће ми се можда нешто у међувремену десити, да те више нећу моћи погледати у очи и изговорити ово што си чула."

Није ми било важно какав ћу одговор добити, терет је био толико тежак да он није био толико битан, жудео сам за олакшањем када се терет испусти, макар се и поломио.

„Секо, ја, ја... ја, морам нешто да те питам... то сам желео одавно, на крају ми је синуло да сам се само због тог питања и вратио. То је кључ мог прошлог и будућег живота; не могу мирно да спавам, не могу да живим. Свако у животу изгуби нешто, а ја се бојим да сам изгубио све. Да ли сам промашио читав живот, питам се. И реци ми сад, једном заув..."

„Немој то да ме питаш", прекину ме брутално. Није се трудила да ублажи опорост онога што је изрекла, низ лице су јој текле крупне сузе и сливале се до врата остављајући светлуцаве трагове.

„Немој ме осуђивати због онога што сам чинио док сам био дечак. Па ваљда сам се мало поправио у међувремену, ништа не остаје исто заувек."

Сека је седела мирно, чинило се да није чула моје речи, гледала ме је спокојно и скоро равнодушно.

„Не, не осуђујем те и не мрзим због тога", рече на крају.

„Волим, мрзим, волим, не волим, коме је још стало до тога, зар ниси уморна од тих провинцијских наклапања?" Сада сам већ потонуо у бес и био потпуно спреман на коначну свађу и раскид с особом о којој сам сањарио и маштао пола живота.

„И шта би то требало да значи: не мрзиш ме због тога. А да ли то значи да ме ипак због нечега мораш мрзети. Пази, то говориш јаднику који је напустио одлично плаћен посао, прошао пола Европе само да би теби, једино теби од свих жена које су се родиле и које ће бити рођене, да би једино теби казао да те воли. Да, волим од те од оног часа када сам те први пут угледао на станици, за све време док сам био у Италији, а волим те и сада. Нисам се вратио да посетим гроб мртвих родитеља већ, изгледа, гроб једне узалудне љубави."

У очима су ми вероватно искриле јаросне сузе, коначно сам успео да изрекнем оно што ме је тиштало тако дуго; Сека није говорила ништа, као да се ништа није ни могло рећи, као да је силина овог признања била прејака.

„Зашто ћутиш, зар немаш ништа да кажеш?"

„Имам много тога, али ништа што ти очекујеш да ћеш чути."

„Ништа одавно не очекујем."

Речи из ње потекле су много мирније па су самим тим могле изгледати и разложније, а непажљивом посматрачу можда чак и истинитије од моје кратке исповести. Углавном је она говорила, ја сам је тек понекад прекидао, па је све личило на исповест девојке или монолог глумице.

„Требало би да кренемо испочетка јер се не можемо претварати како нам се ништа судбински није догодило, нама трома; да се све то избрише и да, ја и ти, наставимо даље да живимо срећни до краја живота, као у бајкама. Не може се тек тако обрисати време које је протекло од наше младости у којој се све ово и запетљало. Ја не могу знати шта си ти радио, нити ти то можеш знати о мени. Наши животи су пресечени и није паметно не видети ту празнину која се раширила између нас."

„Када говориш `ми`, `нас`, на кога тачно мислиш?"

„На нас троје, мене, тебе и Уроша, ми смо били увезани у чвор, запазила сам да ти то никад ниси примећивао, али је било тако, од првог дана када сам сишла из аутобуса и када сте ме пратили. Тада нисмо знали оно што сада знамо, бар не ти и ја, да оно што се назива будућност, живот који се простире пред нама, наш будући живот, да није башта пуна цвећа кроз коју ћемо се прошетати држећи се за руке. Нисмо рачунали на суровост, мржњу, завист, сва слична осећања и поступке за које људи иначе мисле да су оправдани."

„Не могу баш најбоље да пратим све то што си изговорила, јер ипак сам ја бивши дечак с брежуљка", додао сам пробавши горко да се нашалим на свој рачун.

„То сам највише волела код тебе, ту сирову али чисту жеђ за животом, за тиме да узмеш оно што мислиш да ти припада. Ти си то одувек имао, можда и у превеликој мери."

„Пошто то имам, по твојој логици, на другој страни, нешто сам морао изгубити. Шта то?"

„Ја нисам, нажалост, од оних жена или девојака којима је то сасвим довољно. Ја припадам изразитој мањини у женском роду, вероватно си се много пута уверио у то. Већини је довољно то што поседујеш ту дивљу силу, коју свака од њих осети посебним женским чулом."

„Нас је било троје, да ли то значи да је Урош онај угао тог троугла коме си више била окренута?"

„Један део мене сигурно, можда онај претежни, тешко је то измерити. Када је реч о осећањима, никада нисмо ни у шта потпуно сигурни."

„Ако ја све могу да похватам овом својом тврдом фудбалерском главом, ти си волела нас обојицу. Како је то могуће?"

„Дирљиво је како мало познајеш женску психу, Урош ју је познавао много боље. Нисам само ја делила љубав и није у питању иста врста љубави. Њега нема, а његова смрт снажно је померила језичак на скали осећања на његову страну. Смрт има снагу већу од живота."

„Шта све то значи, ја то, ни поред најбоље воље, не могу схватити ни прихватити."

„То значи да нисам припала, нити могу припасти теби након онога што је Урош учинио са собом. Његово самоубиство запечатило је наше дружење, наше љубави и, што је најстрашније, наше младости. Тога дана ми смо одрасли нагло, неприродно и сурово смо бачени у дубоке воде живота. А поред свега, постојала је и једна тајна која се морала дубоко покопати да никада не избије на светлост дана. Заклела сам се себи, и њему прећутно, да ћу је сачувати од свих, нарочито од тебе."

„Урош је имао тајну, какву тајну?"

„Али управо сам казала да сам му обећала, када га више није било, да ћу је чувати."

„Како можеш ишта обећати некоме ко је мртав, ономе који не може више знати да ли држиш задату реч?"

„Тим пре."

Од овог разговора почело ми се мутити у глави, требало ми је пиће да своје мисли доведем у ред.

Пошто њега није било, запалио сам поново цигарету и снажно удахнуо дим у плућа посматрајући ужарени врх... Некад смо доказивали мушкост гасећи опушке по телу, сада бих исто учинио само да се пробудим из овог одавно планираног сусрета који се полако претварао у кошмар.

„А ја, опет, уопште немам осећај да је прошло, колико, петнаест, не, седамнаест година тачно. Мени изгледа да се све то збило јуче, да смо седели све троје ту у гају, доле на плажи, да смо ја и он на станици преседели ноћ и у свитање зоре поздравили се одлазећи у своје бараке. Једино то стоји чврсто на својим ногама у мојим сећањима, све остало као да је испрано. Овде је остао мој живот, са живим људима, мирисима, сунцем, водом, с аромом коју је неко украо касније. У часу када сам добио све оно за чим сам чезнуо горе у баракама на брежуљку, изгубио сам све, све што једино вреди."

„Жао ми је."

Сека је саосећајно изговорила те три речи, тоном некога ко може да разуме величину мог губитка. Можда бих више желео да сам чуо нешто друго, неку реч утехе, овако сам добио потврду свих страхова који су ме мучили. Свако, макар подсвесно, прижељкује да почива у топлом крилу заблуда што дуже.

„Ти тако мало познајеш жене зато што си у толикој мери мушкарац, то је нормално. Урош је, напротив, исувише добро разумевао природу женског пола, за чиме је он чезнуо, шта је очекивао од оног мутног осећања које се назива љубав, а које је често опсена; волео је да са мном разговора о томе. Ми жене волимо да живимо у лажи, не баш у очигледној, али нам је потребно да чујемо оно што желимо чути. Никако нисам могла волети обојицу истовремено, свако од вас имао је половину онога што сам прижељкивала, зато сам изабрала да будемо заједно утроје. Међутим, тада нисам знала да број три није добар у љубави. У нашем троуглу свако је пронашао део онога за чим жуди али нико није добијао све, зато се морало тако и завршити."

„Зашто би бежао од себе? Био је паметан, добар друг, могао је задобити твоју љубав, никад ми неће бити јасно зашто је то учинио. Планирам да ових дана посетим тета Зорку и разговарам с њом о томе."

Сека се намршти, лицем јој пређе израз гађења, снажно затресе главом.

„Немој, она је лоша, можда и луда у свом губитку."

Сека је очито намеравала још нешто да ми саопшти или бар наговести пре него што се опростимо, пре него што кажемо збогом.

„Ти мораш да схватиш да у теби нема, не може бити ни делић кривице за оно што се десило, ионако ништа ниси разумевао. То је била његова одлука, она можда није најбољи избор, али је племенита. Учинио је све да спасе себе, своју душу од онога што би се могло касније догодити. Био је веома поносан младић..."

„Сви смо били веома поносни, ми младићи с брежуљка", прекинуо сам је, „јер смо једино то и имали, понос. А оно што једино имаш чуваш десетороструко снажније; ми смо за понос и част сиромаха могли убити."

„Знам, знам то. Дакле, Урош није убио себе онаквог какав је био, каквим смо га ми знали, већ оно што је могао, што је веровао да може постати. И сам си рекао да се свуда може отићи али да се од себе не може побећи. И он је то знао."

„Чудно, нисам никад мислио да ће он и након толико година бити између нас; ја сам био спреман да оставим све у Италији. Баш све!"

„Молим те, немој да ово буде тужније него што јесте, немој ме приморавати да кажем нешто што касније нећу себи моћи да опростим, врати се тамо, врати се породици."

„Секо, ја тебе молим, реци ми о чему се ради."

„Али ти баш ништа не схваташ", продужи брзо и нестрпљиво, „међу нама није био здрав, нормалан пријатељски однос, све се измешало, свако је свакога јурио укруг! Да ли сад схваташ? Свако је желео оно што не може добити! Остави све и иди, остави мене с мојим пацијентима, мојим шетњама до гробља и односењем цвећа на Урошев гроб. Ти се врати свом пређашњем животу, ако останеш дуже, омрзнуће те, ако већ нису, безразложном и бесмисленом мржњом која ће бити све јача и јача јер си ти све оно што они нису нити икада могу постати. Остави их у њиховим бедним собицама без пара и будућности. Можда ти је то тешко да прихватиш, али ти више не припадаш овде. Отишао си и поклонио најбоље године живота туђој земљи, туђем народу, туђем граду. Ја сам остала због оног усамљеног гроба на који одлазим сваки дан, где палим по две свеће стално, једну за тебе и једну за себе. Нисам желела све ово да ти кажем али си ти сам тражио да ти разјасним ствари до краја."

„Видим, попримила си и нашу жестину, хвала на искрености. Ја ћу ипак отићи код тета Зорке, мора разговарати са мном, мора ми опростити."

„Али нема шта, ти ниси одговаран за оно што је урадио њен син!"

„Морамо опраштати једни другима."

Није ми било јасно да бистра девојка не може увидети колико су ствари просте. Ја сам познавао добро ове људе, они ме воле, срећни су јер знају да сам успомену на њих увек носио у срцу, да сам спреман све да учиним за њих. Сека није овде рођена, иако мисли да припада овом месту, верујем да је и даље оговарају чим им окрене леђа. Волео сам ја и те нискости, тако дубоко усађене у бит ових људи, њихову спремност да их радосно преносе, као неку изузетну расну одлику, с колена на колено, вековима. Опростићемо све једни другима. Сви. Њен помало туробни глас прекину ћутање.

„Ми нисмо имали никакву шансу јер су још и раније, а нарочито сада, наша тела била старија од нас, значи – паметнија. Оно што тражиш одавно више не постоји." Овоме се није имало шта додати, зато сам настављао да ћутим. Биле су то задње речи које ми је Сека упутила насамо; иако ниједну нисам схватао, звучале су мудро.

Дан после дијалога с мојом драгом из младости, у устима сам осећао нешто горкокисело, без сумње, био је то физички укус пораза. Истовремено, јављало се и неко неочекивано задовољство које увек имамо након обављеног посла; сада сам барем решио нешто што је предуго чекало епилог. Моја борба, рвање с прошлошћу, могло би постати лакше пошто се оно најгоре већ десило: Сека никада неће бити моја. У најбољем случају, могао сам задобити половину њене пажње, (не смем рећи љубави), док је друга, боља половина била упућена мом најбољем другу из детињства кога одавно није било. Овај ребус није се могао решити.

Дани су се низали један на други, тако сам и дочекао зенит лета, док се круг мојих бивших пријатеља осипао. Секу сам виђао у пролазу и наслућивао њену жељу да стане и поприча са мном; то више није долазило у обзир, као у најбољим данима детињства на брежуљку, постао сам прек. Код мене није било жутог картона, одмах црвени! Ја и моји бивши другари с брежуљка успешно смо избегавали једни друге, а пошто сам ја, а не они, постао све оно о чему смо заједнички маштали, подеснији разлог за притајену мржњу и убијање пријатељства тешко се могао замислити.

Нису желели да се често виђамо у кафани јер они нису могли да ми узврате истом мером. Иако би то достојанство у беди тешко било схватљиво странцу, ја сам га познавао и високо поштовао, и сâм сам био такав. Ако погазиш и то достојанство, онда бацаш под ноге једино што ти је преостало и губиш поштовање не само других већ и самопоштовање. Није ми превише тешко пало то удаљавање, осећање другарства није било исте јачине као љубав према Секи. И док сам се годинама надао да ће снага те љубави опасти, она је стално расла храњена физичким и просторним удаљењем као неким чудовишним афродизијаком који је од дечачке заљубљености саградио мит на који је почела да се ослања читава конструкција мог живота. А да мит није добар темељ за озбиљно здање, па ни здање нечијег живота, тада нисам знао. Он је понекад јак попут челика претопљеног у мач, али је често и сасвим слаб као мехур од сапунице. И једино власник, онај од чијих снова је испреден тај мит, дарује му оштрину сечива или мекоћу балона од пене. Све се догађа у његовом уму, најблиставије победе и најсрамнији порази.

Скоро половине мојих другара с брежуљка није било у граду, неки су се одселили у удаљене руднике, док су други једноставно нестали. За њима је остала празнина коју нико није примећивао, њихов одлазак никога није забринуо нити ражалостио. Људи у граду нису ни очекивали нешто друго него да чују како су заробљени у неком руднику у Босни. За њих они нису постојали ни док су их сусретали на улици, нико их није примећивао, гледали су кроз њих као кроз стакло што се гледа.

На листи обавеза сам већ прецртао једно име, Секино, а оно је било исписано најкрупнијим словима, остала суочавања требало је да буду мање тешка. Међу тим именима, име тета Зорке, мајке мог несрећног пријатеља Уроша, било је следеће. Не знам зашто је Сека онако реаговала кад сам јој поменуо да ћу разговарати и с њом. Тета Зорка ме је увек волела, сећам се да је говорила како јој је жао што и ја нисам њен син па да има двојицу. Док смо ишли у школу, она је била пуначка, једра удовица која је весело одлазила на посао у трафику. Тамо је продавала цигарете, новине и друге ситнице. Човек њу није могао да замисли да ради неки други посао, њена отворена природа и пријатна појава као да су унапред одредили ову жену за посао трафиканткиње. Волела је да прича с људима, а доле је могла чаврљати до миле воље с онима који би дошли да нешто купе.

Мушкарци су је салетали, нешто у њој им је мутило мозак и заслепљивало очи. Мени су се пред њом сушила уста док сам, узалуд се одупирући томе, шарао погледом по њеној импозантној фигури. Сећам се њеног уобичајеног става када је држала руке на боковима плетене хаљине, гледала смело у саговорника и распуштеном црном косом замахивала лево и десно, а бичеви праменова блистали тамним сјајем.

Међутим, било је у њеном изразу лица нечег готово налик преплашености, али је то прелетало преко ње као мали облачић који начас поквари ведрину савршеног дана. Касније сам схватио да је то била несигурност пред новином о којој би нешто чула, пред нечим непознатим чега није било у речнику и уму простих рударских радника. Била је, у ствари, необјашњиво глупа и тај мали грч био је трептај стида због тога што не може проникнути у оно што су сви с лакоћом схватали. То је била њена тајна коју је више него успешно покривала својим раскошним пропорцијама и гласним, скоро простачким смехом. Тешко је рећи да ли се Урош више стидео те њене добро чуване урођене тупости духа или њеног одевања и понашања које је привлачило пажњу свих мушкараца. Она је понекад, у некој врсти игре са сопственим незнањем, понављала упорно израз који је чула, а чије јој значење никако није могло бити познато. Тако је данима говорила „фасцинантно" док би чаврљала с муштеријама на паузи за доручак.

Текао је живот притешњен безнађем што је хујало између испуцалих зидова барака на брду, реке у равници, трафике претрпане свим и свачим, школе, игралишта, гаја на брду и још неких тачака куда бисмо одлазили бежећи од свакодневице. Летње спарне ноћи завршавали смо на пустој маленој железничкој станици пушећи сакупљене опушке и маштајући загледани у звездане ноћи. С те тачке на којој смо желели да продужимо прохујали дан, упирали смо погледе на жмиркаве светионике распрострте на мапи ноћног неба. Са звездама се никада не може бити начисто, оне су врло близу и непојамно далеко. Звезде су жеље.

Наша су тела крупњала, тешко смо навлачили шортсеве и мајице од прошлог лета, гласови су нам постајали дубљи, мада смо се ми трудили да буду за тон осорнији него што су морали бити. Несвесно смо хтели да будемо ближе очевима којима је та осорност савршено пристајала. То је њима морало изгледати у великој мери глупо, али нису говорили ништа јер су и сами то чинили пре много година. У глави дечака и младића свет одраслих наликује мистици непознатог врта у коме су сакривена блага. Да у прохладним сенкама вребају змије искушења и проклетства, сазнамо прекасно!

Дан се увек рађа невин. А мрље наших грехова не могу се лако испрати, оне остају да се утопе у таму која их прелива црнилом. Дани, дани прошлости су ме заробили и везали моје мисли у неразмрсив чвор; понекад је постајало неподношљиво, као да никад нисам ни одлазио, као да нисам постао неко; градом је титрао неки притајени жижак презира. Нека немушта сила могла је да ме осуди, баци камен на мене... Постајао сам несигуран у сопствену снагу и моћ да се измирим са свима, с личним демонима нарочито.

Пљусак воде на лице ме је и јутрос расанио. Отргнут од сна, пио сам кафу на тераси и пребирао у себи шта ћу рећи тета Зорки. Веровао сам да ће ми и она опростити, јер сви знају да ја немам ништа с оним што је њен син урадио. Предуго сам живео изоловано, далеко од правих људи, проблема и мука обичног света, био сам у кавезу. Полако се враћам у стварни свет, скоро да сам упао у њега, али то може бити само добро јер ће ми моји људи помоћи да поново научим основне вештине живљења у заједништву, да саосећам, патим, да волим поново. Да ли је могуће да сам и то заборавио? Живећи у превише уређеном свету, немаш потребу да мрзиш, завидиш, али ни да волиш, некако успеју да ти угасе сваки нерв за емоције. Луташ испражњен између угланцаних фасада празног живота, сит и смирен незнањем. А ја желим да поново живим, да дишем пуном снагом и оживим све оне часе када нисмо имали ништа, а када смо држали свет на длану.

Желео сам да објасним тета Зорки да ја нисам никада могао ни најмањег часа посумњати да њен Урош може завршити тако како је завршио. Да, треба рећи, завршити, не вреди јадну жену подсећати изнова на оно што се десило и дирати јој у бол који не може зацелити. Он је био мој најбољи друг и њему сам желео све најбоље, у мери којој сам то желео самоме себи. Тражићу да ми опрости, мада за тим нема потребе; ја сам њој давно опростио све оне ружне приче које је ширила на брежуљку о мени. Јадна жена била је убијена болом и није била свесна својих речи, сада је сигурно много сабранија па ћемо лепо разговарати о њеном сину, мом пријатељу из детињства. Он је могао бити најбољи од нас, Урош, имао је памет и идеје људи који нису из наших крајева, имао је „потенцијала", како су тренери говорили о посебно талентованим играчима. И, на крају, све је то потонуло у немо ништавило. Он је пресудио себи, мада смо ми који смо га волели осећали пецкање мутне кривице.

У суботу поподне играли смо важну утакмицу с „маминим синовима" одоздо из града, а увек када је требало да играмо против њих, добијао сам повишену температуру и дрхтао читавог дана у некој грозници изазваној напетошћу и болесном жељом за победом чији је корен сисао сок древне мржње. Мржњу према њима доле наследио сам од родитеља, а ови су је вероватно прихватили од својих родитеља; она се преносила сасвим природно и законито, као што други наслеђују плаве очи или породично богатство.

Дан је био тежак, споран, а мени ништа није успевало, трчао сам споро и изгледало ми је да ми ноге тону у траву као у житко блато одакле сам их извлачио с муком. Промашио сам две шансе из којих бих иначе везаних очију постизао гол. Знојио сам се попут животиње и: ништа.

Тада сам учинио нешто толико ружно да ће ме то пратити до задњег часа; ко зна да ли ћу моћи и тада сам себи да опростим. Понекад када смо у посебном расположењу, када ништа не успева, постајемо склони да своје грешке припишемо другоме, да властиту кривицу свалимо на туђа плећа. То сам и ја учинио у трену растројства и животињског себичлука. Урош није био највештији с лоптом, али је недостатак дара надокнађивао невиђеном упорношћу. Тако је било и тог пута: трчао је напред-назад, додавао употребљиве лопте, али узалуд, губили смо с неколико голова разлике. После још једног промашаја, чекао сам прилику да се искалим на некоме и то сам и учинио када је Урош погрешно додао.

„Па шта то радиш, играш као да имаш две леве ноге. Не можеш да потрчиш, само се вучеш! Ниси ни за шта! Никад нећеш постати прави човек! Никад!"

Све то је покуљало из мене попут гејзира жучи и сручило се на јадног дечака који је остао укопан на месту док су му се невине очи наливале сузама које је с муком задржавао. Осрамоћен и очајан, сагао је главу, а ја сам урлао у себи најружније речи којих сам се могао досетити и проклињао своју необузданост, али је већ, схватио сам то, било касно за било какву поправку. Канџе кајања шчепале су ме и држе ме до данас. Нису их могле уклонити никакве речи извињења, а оно што је уследило претворило је један неодговоран дечачки испад у злочин.

Можда је то био злочин из нехата, па ипак, то га није чинило мање злочином. Те речи нису биле тек обичне речи које један дечак у љутњи изговори другоме; у њему је већ сазревао понос свесног бића. А ја сам га сломио.

Лоше расположење од претходног дана пренело се и на недељу. Устао сам касно и посматрао кроз замрљано окно како неки чудновати ветар ковитла прашину с врха јаловине и засипа кровове и прозоре дотрајалих барака. Да нисам знао да је средина августа, помислио бих како сам преспавао читаво лето и пробудио се у влажном леденом дану октобра. Ветар је био чудноват пошто није дувао из једног правца, већ је стварао мале ковитлаце који су некад постајали толико јаки да су кидали још младо зелено лишће липа и дудова и играли се с њим вукући га по сивоцрној угљеној прашини.

Посматрајући ту мушичаву представу летњег дана, мрштио сам се и мислио како су узалудни моји снови о одласку, лепшем, чистијем и богатијем свету. И ја ћу, попут осталих, лагано трунути у овим баракама док будем удисао подмуклу прашину у дубини рудника и овде на брежуљку испод циновске хумке јаловине. И мени ће се она временом гипко увући у сваку пору коже да неће бити никаквог сапуна који ће испрати њено црнило. Машта, маштарије незрелог дечака. Рођен сам поред рудника од оца рудара и узалуд ћу се копрцати да побегнем од тог усуда. Боље је можда препустити се одмах томе и тонути, као што сви чине, у јефтини алкохол и облаке дуванског дима, празне приче о прошлости када је све било боље, и тако омамљен, увијен у те одоре заборава, не видети како ноге узалуд гребу покушавајући да измакну зјапећој рупи коју су начинили људи једни за друге.

А шта ако је све то само у мојој глави, ако сам просечан као и други, ако немам талент за велике утакмице; па јуче сам шутирао као да први пут у животу видим лопту. И ко сам ја да будем бољи од осталих, зашто да једино ја побегнем с брежуљка, из барака, из окна чија тама гута душе копача својим пријатним прохладом? Предосећао сам да потонуће у ништавило може бити на један необичан начин заводљиво.

Тако сам се предавао дубинама ка којима ме повлачила сила поузданија од просте судбине, она која опчини ходача на жици уколико изгуби веру у своју вештину; ако у њему затрепери сумња, стрмоглављује се надоле праћен уздахом масе у коме се мешају жаљење и узбуђење. Представа је увек боља уз мало крви, а ова се, на срећу, лако спере.

„Доле, доле на игралишту! Ужасно, јадан дечко, јадна жена! Страшно!"

Под прозором су се ројили узнемирени гласови који нису слутили ни на шта добро. У скровитом кутку свести појави ми се лик и име мог пријатеља иако га нико није споменуо. А да се нешто лоше десило, нисам сумњао; наш свет постајао је пристојан и незлобив једино када нас задеси велика несрећа. Хтео сам да устанем, али ми се мишићи на ногама стегоше као да имам грч, нешто ме је држало прикованог за кревет. Напољу се граја није стишавала, назирао сам ужурбано и бесциљно тумарање. То је био знак да је смрт закуцала на врата нечијег дома, људи су усплахирени чинили непотребне и сувишне покрете желећи да одагнају првобитни страх чији је терет, попут влажног снега у правој зими, притискао бараке и њене становнике.

Морао сам кренути иако су моји удови тада наликовали истопљеном желеу, свеједно, чудно се гегајући, кренух за светином. Колона се упутила према нашем игралишту, неправилном правоугаонику чија је травната површина, прошарана огољеном земљом и песком, наликовала шугавом псу чија длака отпада у великим комадима заједно с кожом. У глави ми је зујало и бубњало, обузимало ме је чудно расположење масе које се колебало између свечаног достојанства заједнице и хука преплашене руље. Само да није он, само да није он, тукло је у мојим слепоочницама док сам назирао део терена.

Повећа гомила окупила се испред једног гола и у загробној тишини млитаво чекала нешто, неку наредбу или миг каквог отреситог човека. Но, међу њима није било таквога, зато су ћутали и чекали шта ће се десити. Полако сам се пробијао напред, а негде далеко позади чуо се отегнути звук сирене хитне помоћи или полиције. Тишина је била толика да се јасно чуло треперење беличастих листова оближњих топола. Јутарњи ветар, необичан и стран у августу док се силина лета још не предаје, скидао је мараме женама, а мушкарцима мрсио косу.

На средини металне пречке, на необично танком конопцу, скоро дебљем канапу, висило је беживотно тело мог друга Уроша. Налети ветра су га салетали са свих страна, па се оно благо лелујало и окретало око осе танког али јаког конопца урезаног у врат одмах испод издигнуте браде.

Моје је срце стало, замрло је, не знам како се нисам срушио без потиска крви која није више колала телом. У мени се још није могло искристалисати никакво осећање, мада сам био ужаснутији више од свих. Није могло бити ни свести да је готово, да је то то. Да сам гледао у лице смрти. У маску тајне. Побегао сам.

Док сам заривао главу у јастук, примећивао сам да је сув, да у мојим очима нема суза за несталим другом. Уместо њих, истицале су речи, чудне речи. И откуда оне у мени, њих сам могао чути тек неколико пута у животу, можда из оно неколико одломака које сам чуо на часовима књижевности.

Умро је један од нас. Нико више није сигуран, узалуд смо ми, дечаци с брежуљка, веровали да смо бесмртни, да можемо победити не само срамоту и беду, већ и сам врх злобе дотрајалог живота; пут у старост, болест и тужну поворку одбачених људи. Никада више нећемо бити млади, готово је. А шта ако је учинио то за све нас? Ако нас је искупио као инжењер Блан? Да ли је нешто написао, макар неколико речи на отргнутом из свеске парчету папира? Уколико постоји таква порука, да ли су на њој речи опраштања?

Ток мисли, у почетку логичан и прав, стаде се завлачити по разним меандрима душе а ретке одговоре преплави бесконачно много питања. Па и питања почеше да губе смисао. Бунцао сам у грозници која је требало, попут пада завесе на крају представе, да прекрије ону слику. Само да се није тако лелујао, изгледао је скоро жив, засигурно још топао а, опет, није више био ту међу нама. Наше ћутање, кајање, сажаљење, равнодушност, завист, гађење, презир, бол, бол, бол говорили су да је свршено. Смирио се у миру чије савршене непомичности није могао бити свестан. Слика се није могла обрисати, у највећој ватри тела и душе горела је високо, за њу више нису биле потребне очи ни сећање, блистала је међу оних неколико најважнијих призора којих се увек можемо присетити.

У грозници у коју сам својевољно уронио, сетио сам се јучерашњих речи, бич њиховог пламена није допуштао утеху ни оправдање. Крив сам, али нећу признати кривицу! У тим данима сазрео сам брзо и некако под присилом, стога сам нашао прибежиште у најмоћнијем оружју одраслих, у лицемерју. Најбитније је не стидети се својих поступака, понављати их изнова с новим поуздањем; то је формула!

Зато се нисам сакривао у кревету и соби, већ сам с најнедужнијим лицем отишао на скромну сахрану и нудио свима помоћ. Јер, у тим жалосним часовима тек ретки остану прибрани. Кад су други плакали, ја сам ридао, док су они бираним речима описивали покојног друга, ја сам беспоговорно тврдио да није, нити ће се икада више у баракама родити такав младић. И све тако. Понекад бих и претерао, али то нико није примећивао. Једино ме је тета Зорка посматрала испод од плача надувених очију као да нешто зна, нешто што јој је открила мајчинска интуиција.

Али ни она није желела да квари свечани тон кога одавно није било у нашим собичцима, заузела је позу уцвељене и пресвисле мајке и ту је нову улогу с лакоћом носила наредних месеци.

Није се, ипак, могло превидети да је црнина превише тесно скројена, као и то да белина декoлтеа на оштар, скоро непристојан начин, одудара од свечаног мира црне тканине. У њој се сломио свет, али њен помало ограничени ум то још није могао у потпуности да појми, зато ми је било жао те жене. Више бих је поштовао да је чупала косу, гребала лице или чинила нешто налик ономе што раде мајке читавог света у таквим околностима. Она је, напротив, по први пут у свом безличном животу имала шансу да одигра ролу велике даме. Погрешно је разумевала речи саучешћа од бројних угледних људи који су се за ту прилику попели до барака. Засењена руковањем с лекарима, адвокатима, инжењерима, судијама, чак и с председником општине, заборавила је на јадно пожутело тело свог јединца које је лежало на столу у јефтином ковчегу.

Неке смрт улепша; поглед на младог покојника изазивао је ужас тако да ниједном више нисам имао храбрости да окренем главу на укочено, скоро воштано лице најбољег друга. Његово нестајање из свакодневице оставило је простор за који нисам знао како да га и чиме испуним. Да ли ће се сада, коначно, Сека окренути само мени, та мила девојка која сатима седи покрај сиротињског одра, не скидајући поглед с упалог лица уоквиреног гробљанским цвећем. Њена туга изгледала је у толикој мери искрена и дубока да сам у најдубљем кутку себе, оном кога није заробила претворност, осетио стид и клицу кајања. Њих двоје су помало личили тако да су непознати људи из града тронуто изговарали: „А, ово је сигурно сестра, моје најдубље саучешће. Какав губитак, ненадокнадив, заиста."

Мирно сам подносио загушљиви воњ свећа чији је отужни мирис испунио читаву собицу у којој је лежао покојник. И врисак и запомагање уцвељене мајке која је полако почела да разумева шта се уистину догодило: да ће годинама гајити празнину уместо сина. Њен очај, у којему се можда скривао и крик над читавим дотадашњим животом, над потонулим младалачким очекивањима и надањима. Све се то увезало у сноп до сржи потресних, животињских гласова, с којима се мајка бацила задњи пут на малено тело спремно да крене у непознато. Та мирноћа увоштеног младића није уносила спокој, стабло је било преко реда посечено.

„Сине! Сине! Сине! Зашто га водите, нека остане још мало! Нееееe!"

Људи су били неумољиви, чинили су оно што се радило у свим вековима иза нас и што ће морати да се чини и у будућим: журило се да се земљи преда што јој припада.

Сам обред или, боље речено, сви они успорени и дуги процеси који су се морали обавити током чувања покојника, дочекивање небројено много људи, поворка која је милела према гробљу, а све у неком чудном споју хришћанских и паганских ритуала у потпуности ме је исцрпло. С ужасом сам ослушкивао издајничко завијање празних црева, стезао сам мишиће стомака и погледавао уоколо да се уверим да још неко није чуо њихов непристојан звук. Некако се подразумевало да се у тим тренуцима није могло мислити на глад, бол у ногама, ни укочен врат, сунце које је тукло право у теме, па ни на тупо осећање налик досади. Но, ја сам с дубоком срамотом јасно осећао како ме све то обузима. Премештао сам се с ноге на ногу, невешто се крстио, час слева надесно, час здесна налево, трудио се да ми потеку сузе кад и осталима и, сасвим искрено, у дну душе, молио се да се то једном оконча, да га покопамо и вратимо се својим кућама.

Али, око мене су била само озбиљна, свечаном и непоновљивом чину – полагању тела у руке вечности или нечему сличном – предана смркнута лица. Изнова осетих стид кад су коначно тројица пијанаца заравњивала хумку и народ се полако кретао ка излазу из гробља. Осврнух се последњи пут и оно што сам видео пренерази ме: мала хумка била је претрпана вештачким цвећем, а под наслагама земље, у скученом танком сандуку, без ваздуха, без моћи да покрене било који део тела, остао је да лежи заувек мој друг Урош. Сви смо ми ходали, дисали, мислили шта ћемо данас и сутра... У том часу из мене грумну запретена бол, заридао сам не обазирући се више ни на кога, осећајући при том да са сваком истеклом сузом у мени остаје нешто ново, нешто боље: лик пријатеља урезан у непроменљиву вечност поштовања и љубави.

Много година касније, када сам већ дубоко завирио иза образине човека, схватио сам да је само неколико нас на том последњем испраћају зажалило искрено; тада сам престао да осећам стид због слабости тела, оне слабости којој се људско биће лако предаје јер у вечитом рату духа и тела стомак лако побеђује.

И, ево ме како се упућујем према кућици где се преселила тета Зорка након што су булдожерима сравнили наше бараке горе на брежуљку понад града. Не могу рећи да ми је корак баш чио и лак, али нисам ни оклевао упркос Секиним неодређеним упозорењима; та жена ми је у једном периоду живота била друга мајка, разумеће она; опростиће. Ја сам њој одавно опростио страшне речи исказане у љутњи и болу рањеног родитеља. Кад боље размислим, не могу их се ни сетити, њихов смисао је био да сам ја с осталим дечацима с брежуљка њеног јединца послао тамо где смо га пронашли како виси. Мислим да је помињала чак и Секу, нашу Секу, то нежно и осећајно створење које је волело њеног сина више него што би волела брата. Незамисливе, у гневу изречене оптужбе. Она се сада вероватно каје због њих; нећу их споменути ни издалека. Прошлост је умрла тамо у свету, остала је тек избледела несигурна утвара сећања.

Кућица се налазила одмах иза цркве и некада је у њој живео црквењак с породицом. Памтио сам је као приземну, белу зградицу с ниским прозорима и с неравним кровом прекривеном ћерамидом. Пролазнику је деловала ненастањена и празна, мада је на улицу гледала уређена баштица пуна разнобојног цвећа.

Сваки мој корак према кућици пратио је један неодређени звук, у први мах сам помислио да то моје ципеле ударају по углачаној калдрми. Међутим, он је био константан и у њему се разабирало неко цвиљење и пригушено дахтање. Био сам занесен мислима у оне дане, па нисам придавао значај звуку, веровао сам да и он допире из дубина прошлости. Али шта је то? Па да – скоро сам се лупио по челу – то ја и Урош гонимо точак бандаш од бицикла по калдрми одређујући му смер кретања летвом.

Више ми нису долазиле само слике из младости, сада сам могао чути звуке који су обојили то доба!

Оно што се потом десило никако није могло бити материјализација прошлости: неко ме је свом снагом ударио по врату, захватајући и део главе и десног ува. Бол је била чудовишна, можда не толико због силине удара колико због изненађења, и баци ме одмах на колена. На терену сте спремни на такве мучке насртаје одбране, али ово није утакмица; ја више не играм!

Осовио сам се на руке осећајући танак млаз крви из ува како се слива, ударац ми је помрачио и вид па затресох снажно главом да бих могао спознати шта ме је снашло у рођеном граду у који сам се вратио срца пуног наде. Лопов није могао бити, тек је превалило подне. Пре режање него уобличени говор допирало је од неке разбарушене прилике у колицима, телесини се црвенео огроман трбух испод раскопчане пицаме на пруге. Огромна глава у коју као да је јурнула крв читавог тела пламтела је као буктиња мржње, изобличење свега људског наговештавало је да се овај немоћни али опасни створ запутио из дубина пакла. Али зашто баш на мене? Из искривљених уста цуриле су бале које није ни могао ни желео обрисати, читав леви део тела и лица био му је одузет и непокретан попут камена. Но, зато је десни део био покретан: витлао је штапом нишанећи и даље у моју главу и лице. Ту мржњу сам најјаче осећао кроз смрад који се ширио од тога, веровао сам, одбеглог болесника из какве душевне болнице.

Док је створење мумлало и махало штапом, нисам знао шта бих да чиним; ударити несрећника није имало смисла иако никога није било у близини, иако бих се само бранио од сулудих насртаја. Он се већ беше изморио, очигледно је већ дуго настојао да ме сустигне, а онај упорни звук што ме је пратио потицао је од котрљања старих шкрипавих инвалидских колица која је старац покретао само једном руком. Боже, колика ли је мржња овог човека гонила на мене, какви су то злодуси били упрегнути у његову жељу да ме повреди, можда и убије једним добро погођеним ударцем тешког штапа.

„Али зашто", упитао сам, „зашто ја?" „Погрешио си, стари, не познајем те и ништа ти нисам нажао учинио. Крварим, доста је било, треба те вратити тамо одакле си побегао, у најближу лудницу! Замисли да те окренем само и пустим надоле, па где се зауставиш, најбоље под точковима неког камиона, излапели лудаче. Погрешио си", већ сам урлао на његову изобличену појаву. Њега речи као да нису дотицале, покретао је криве усне узалуд настојећи да их доведе у положај да изговори нешто што би се разликовало од бунцања и мумлања.

И, коначно, с тог раздешеног лица зачу се нешто што је наликовало људском говору.

„Ти...ти...тттти...тттттт...тиииии...ти!"

С језом сам слушао то сиктаво ословљавање и грозничаво размишљао како да се извучем из крајње непријатне ситуације. Једноставно сам се окренуо и пошао док је иза мене шиштање слабило, мада је мржња и даље палацала кроз ваздух и допирала у својој снази до мене. Лакну ми тек кад сам замакао за угао и кад више нисам могао чути грозне звуке и клетве умоболника што ме је напао без разлога.

Из ува ми је упорно цурио млаз крви, узалуд сам га отирао руком. Ни ово није баш добро почело, али назад нисам више могао јер сам већ стајао пред белом кућицом. Обрисао сам још једном образ низ који се цедила крв и покуцао на ниска улазна врата.

У ходнику се одмах зачуше тешки кораци, стругање собних папуча по поду, вероватно линолеуму; тета Зорку сам затекао код куће; она је мало вукла ноге док је ходала. Жена у оквиру врата је и била и није била мајка мог прерано несталог друга; глава као да јој је нарасла због изразитог подваљка и бујне у дречаво црвено офарбане косе. Сећам се да су она и Урош долазили код нас, ми бисмо се играли на поду док јој је моја мама фарбала дугу косу у црно на коју је и онда била веома поносна.

При том још памтим да се мама мрштила на неке њене реченице изговорене упола гласа; алузије и теме којима се Урошева мама обилато снабдевала за пултом киоска њој су биле одвратне. Када је ова одлазила кикоћући се, само је одмахивала руком и говорила: „Их, жено...“ Увек само то, као да ова није заслуживала трошење речи.

Она страст тела као да се временом прелила у страст вере, неумерену и бескомпромисну, као и ранија телесна пожуда. Фигура јој је потонула у широке црне одоре, али се она биста због које су лудовали рудари и шофери у насељу наслућивала кроз велове као притајени грех из младости. Еротика што се раније испољавала у напетој снази мишића, тетива, трбуха и бедара у међувремену се претопила у исто тако прејаку чежњу према религији, према жељи да се верује без остатка. Можда би се тек у збиру ових неумерености могло сагледати једно страсно женско биће, голо пред тајнама живота.

Очи, раније јасне и лепе а сада мутне и подбуле, фиксирале су ме неколико дугих тренутака; није одговарала на моје поздраве, тек процеди преко воље:

„Уђи.“

„Тета Зорка, па ви се нисте нимало изменили, и даље онако лепо изгледате!", почех с комплиментима да је мало одобровољим.

„Цифраш добро, нема шта, добро су те научили Жабари занату. На те јефтине и грешне речи, Зорка више не пада, то је палило док сам диринчила у оном ћумезу где сам своју младост и здравље покопала. Хвала драгоме Богу" – ту она начини свечани израз лица и подиже га навише – „њему, деви Марији и свим свецима, одбацила сам тај лажни живот одмах чим сам прешла у пензију, одмах! Сад идем сваке недеље у цркву, сваке, и за празнике и свеце; постим сваке среде и сваког петка обавезно. Постим ја и оба велика поста, још како. И певам у цркви јер не могу, нисам мушко да саслужујем с попом. Сад сам свој човек, друга жена."

Мало ми је недостајало да јој се нацерим у лице на ту бујицу бесмислица, али ритмично и болно бубњање у десном уву није ми дозвољавало никакав други гест осим болне мимике на коју се она није обазирала, чак ме не упита ни шта се десило. Уведе ме у собичак препун неправилно разасутих икона, кандила, од којих су многа била упаљена, а у дну собе, на средини зида сачинила је од неколико хоклица, дасака и чаршава на којима су лежале веће иконе нешто што је у њеној свести личило на иконостас. Доле, на поду, била је разастрта бела ланена тканина и изгледало је да је то њен кутак за молитву. Читава собица требало је да подсећа на малу капелицу, толико сам могао да схватим.

Нашао сам се у незгодном положају јер се није имало где сести; да ме понуди да седнем, морала би да растави приручни и привремени иконостас. Одлучих да стојим, ћутим и озбиљног лица прелазим преко редова икона окачених по зидовима. Мало ми се вртело у глави, али нисам са сигурношћу могао знати да ли је то од мучког ударца оног умоболника у колицима или од снажне смеше мириса тамјана, босиљка, растопљеног воска и још неких етеричних уља чије порекло се није могло тачно утврдити али су они у потпуности протерали кисеоник из собице-капелице.

Зорка је покретала усне у некој молитви и с лакоћом подносила невероватну концентрацију тих испарења, ширила је ноздрве и жудно удисала све то као да се налази на врху неке планине с лековитим ваздухом. Њену појаву најлакше је описати ономе ко ју је познавао у најбољим годинама као жену која се удвостручила у међувремену. Црна дугачка хаљина која је ваљда требало да буде риза или монашка одора око врата и на рукавима сијала се од прљавштине и дугог ношења. Испод широких набора ипак су се оцртавали велики трбух, као код труднице, огромне груди и бокови.

Између свих мириса од којих је било тешко одредити бар један специфичан, издвајао се онај с велике површине одеће, мирис мог детињства, мирис запршке.

Очекивао сам да ћемо говорити о Урошу па бих ја искористио прилику да јој поменем колико је био мио и драг дечак, да ће увек живети у нашим мислима када га већ нема. Тета Зорка је некако избегавала ту тему, распитивала се о Италији, да ли је истина да и западу прети криза, глад, да људи остају без посла, а живе без морала и вере.

„А вера, њихова вера", започела је неким потцењивачким тоном, „па њихови попови се не жене, а то за правог мушкарца није нормално. Е, па кад им попови нису прави мушкарци, ни вера њихова не може бити, је л` тако?"

„Па живе..."

„Ма, тако је, шта ти Зорка каже, то ти је."

А онда, желећи ваљда да покаже како ми преноси добро скривену тајну, настави полугласно, скоро шапћући, прислонивши ми усне на десну ушну шкољку и голицајући ми болно место. То мрмљање никако није прелазило у смислен говор, до свести су ми допирали само делови огромног концепта тета Зорке о „западној вери". Узалуд сам је убеђивао да у западној Европи нису сви једне вере, већ да су подељени на католике и протестанте, да има још неких религија, а неверника понајвише. Није вредело, окомила се на папу и „неверне Латине", језуите и њихову инквизицију и на још нешто што нисам чуо.

„Случајно сам читао књигу у којој пише да су и они сами били прогањани од тог суда; пошто су језуити настали касније, нису могли ни направити инквизицију, зар не?"

„Ала си ти наиван, јеб`о те светац! Па Достојевски их је све раскринкао у *Рату и миру*, Достојевски, еј, Рус, православац, брат. Слабо ти то разумеваш, да те нису прекрстили тамо, а? Пази се опасни су, о п а с н и!" Ту ми заверенички намигну.

„Ја бих сад морао да кренем..."

„Ма, чекај, тек си стиг'о, још нешто да те приупитам." И тортура се настављала, само је сада скренула у токове историјских тема и збивања. Оно што је начула о доктрини вере мешало се с најтежим сујеверјем, причала је како је „позитивно сигурна" да је у ранијем животу била руска грофица. „Па ја имам моћ да идем и код мог Уроша, виђамо се ми али, пссссст, ни речи о томе, одмах би сви потрчали да и њих водим њиховим покојницима. Свако има своје мртве. А он, мали мој дечко, није се променио, још је онако пажљив и тих, није као ви пробисвети из барака, од којих никада није могло ни испасти нешто што ваља! А како је леп, Боже, како је само леп. Али то се дешава сваког другог дана треће седмице у месецима који имају мање од тридесет једног дана. Разумеш?" Нисам разумео, али је тета Зорка свеједно наставила још дуго о сусретању с мртвима, задушницама, литургијама, славама, папи, владики Николају и о свему осталом што јој је долазило на ум.

Затим започе о Душановом царству, о сјају на нашим дворовима, о златним кашикама и виљушкама којима је наше племство јело „док су ови тамо" јели рукама. „Рукама, а краљеви. Иди, молим те. Ако бог да опет ћемо јести златним кашикама, опет ћемо развити своје барјаке."

„А ако не да Бог?"

Погледа ме попреко и сумњичаво, двоумила се да ли се шалим с њеним учењем или сам просто глуп да га разумем.

„Ма то се само тако каже, даће, даће, мора да дâ. Ми смо Божји народ, а не безбожници као ови тамо, даће, само морамо веровати да је на нашој страни и све ће се уредити само од себе. Саградиће нам Свевишњи поново цветну башту раја и ми ћемо одређивати ко ће моћи да уђе у њу а ко не. Веруј ми, веруј ко што и ја верујем њему (погледа горе)." Кроз те се декламације понекад провлачила покоја простачка псовка или реч коју сам памтио из младости, али она то у заносу није примећивала, већ се држала своје светачке мирноће и спокоја.

Док кружи око мене и проповеда, осећам јак, оштар мирис женског зноја који се накупио на много места по гојазном телу.

„Ти, младићу, имаш грехе из младости, знаш добро који су. Ви сте саплели тај ђавољи троугао из кога ништа добро није могло произаћи, само, зашто су се кола сломила на мом сину, најневинијем од вас? Зашто!" Почела је тихо, шупљим гласом, али је он стално добијао на висини и јачини и прелазио у врисак лудила.

„Ти и она твоја кучка, госпођица из Београда, она што те чека петнаест година а не рађа децу неком поштеном, нашем човеку, правом вернику и патриоти. А кога чека, тебе, тебе, убицу и злочинца. Вас двоје сте мог сина отерали на конопац, не поричи, знам све. Био је чист, неискварен, а ви сте му упрљали душу својим животињским страстима. Он се наиван затрескао у њу, а она у тебе и када је то напокон схватио, учинио је оно. А могао је да буде један од наших највећих бораца за веру, за правду и једнакост, да покажемо свима ко смо и шта смо! Младићу, докторка те чека, мада нисам сигурна да је баш онаква каквом жели да је сви виде. Она не може бити светица, дошла је из великог града и залудела моје јадно дете. Ви сте му саплели конопац, вас двоје. Нико други!"

Занемео сам слушајући речи које сам најмање очекивао. Узалуд би било убеђивати ову жену сулуду од бола да је потпуно погрешила у процени, да је Сека увек волела њеног сина и да само зато није одговарала на удварања других младића. Мене је, у најбољем случају, сматрала првом заменом; а из искуства сам знао да је боље бити на трибинама обичан гледалац него осамдесет пет минута чамити на клупи за резерве и посматрати игру живота. Тета Зорка је, протраћивши улудо свој живот, доносећи стално погрешне процене и одлуке, пронашла смирење у предавању ономе што је сматрала јединoм правом мисијом. Али, за таквом мисионарком нико неће кренути; у њеном учењу је толико тога смућкано па у њему нема бистрине којом се права истина обоји и за којом крену мудри људи. А да су моји људи, поред свих недаћа у које су запали својим и туђим грешкама и кривицама, сачували зрно древне мудрости, нисам сумњао. Пророштво ове остареле жене с чудном фризуром, с климактеричним досеткама и идејама остаће, на срећу, закопано у овом бизарном собичку.

Куне и оптужује, онда се обраћа Богу и „прашта". На коленима допузи од „олтара" до мене; док ми влажним уснама љуби руку, говори да ће добри Бог свима опростити, грешницима нарочито. Не могу а да не гледам то огромно масно тело које је ипак задржало остатке женских чари и облина. Није ми улазило у главу како и поред толиког поста има онолику масу, шта ли би тек било... У тих пола сата морао сам слушати кратке портрете скоро свих мештана који су јој радили о глави, мрзели је због њеног чистог живота скромне удовице, предане Богу. Говорила је и да јој многи дугују новац, да су јој остајали дужни још у трафици док им је давала цигарете на вересију.

„Они се сад праве луди, али ја памтим, сваку пару, све је овде записано", показивала је главу с црвеном косом. „Овде, не треба мени, као некима, оловка и хартија, не, Зорка све памти, све." Говорила је и како јој младићи и млади ожењени мушкарци долазе под прозор и, надахнути Сотоном, говоре бестидне речи. Она због тих одвратних речи не може после читаву ноћ да усни, већ клечи и предано моли за спас душа тих прељубника. Ни за кога није имала лепу реч, на крају рече да јој се чини како живи у „Содомгори", оном грешном гнезду који се помиње у Библији.

„У Содоми или у Гомори, два града су, знате..."

„Па то сам и рекла, слушај шта ти се прича, не може човек да дође до речи од таквих који увек нешто закерају, увек хоће неки ред, све полако. Нема полако, нас Бог тера да журимо, је л` он чекао када је бичем истеривао из храма. Није. Е па нећемо ни ми." Прострели ме гневним погледом праведника и ја заћутах смишљајући најбољи начин да се извучем из собице без ваздуха. Више нисам могао пратити нит која је водила ка окончању њене тираде, причала је и причала узимајући брзо дах између појединих реченица и настављала даље чак појачавајући тон и убрзавајући ритам говора.

Усне жене наједном престадоше да сикћу, у загушљивој просторији наста нестваран мир, она се умирила као да је наизглед непресушни извор конфузних мисли и речи пресушио. Ја сам ионако изгубио жељу и моћ да јој се супротставим.

Примећивало се да настоји да прикрије бордо печате који су јој избили кроз кожу и запалили дебеле образе гневом и мржњом. Зурила је у празно и померала мишиће и вилицу како би задобили мирноћу бар приближну оној која је почивала на иконама окаченим без реда по зидовима. Склопи руке на трбушини и напокон проговори, трудећи се да јој глас наликује сопственој представи смерних и светих људи.

„Сине!", (глас јој је подрхтавао док је преваљивала ту реч преко усана), сине мој, устани и стани поред мене." Ја сам у чуду и даље стајао близу врата. „Пружи ми руку да се заједно помолимо Свевишњем да нам опрости. Иако нам греси нису исти, ако ти он опрости, биће ти опроштено и од мене, јадне мајке којој сте нанели вечни бол. Дођи!"

Прихватио сам масну, љигаво знојну руку која никад није радила зурећи у ниску таваницу тик изнад мојих очију. Тамо где је она видела анђеле, херувиме, можда и ђаволе, ја сам примећивао пукотину с које је отпао креч и комад носеће греде. Додир је постајао непријатан као када би вас неко приморао да додирнете пихтијасто тело медузе избачено на обалу. Прихватио сам фарсу јер се мој мозак поче прибојавати, сигурно услед помањкања кисеоника, да се ови ритуали и тираде о свему и свачему никада неће окончати и да нећу успети да неоштећен напустим чудновати простор.

„Опраштамо ти" – наједном повика исколачивши очи навише. – „Опроштено ти је, теби и твојој наложници! Ја вам опраштам, уцвељена мајка, а ви ћете морати да се отресете тог вашег нездравог и грешног дружења! Опраштамо!", ово последње понови с нечим налик притајеном лудилу док сам ја муцао: „Хвала, хвала."

Напустио сам кућицу не освpћући се, а чист ваздух ме подсети на болно место. Мораћу код лекара, дакле, код Секе.

Кљуцало је и кљуцало, тукло у завојитим ходницима унутрашњости ува; старац ме је гадно поткачио. Ипак, имао сам и среће, могао је погодити у око или слепоочницу; волео бих да сазнам која га је вражја сила натерала да онако насрне на човека кога први пут види у животу. Луд је био засигурно али најближа лудница била је удаљена више од педесет километара, није могао на оним шкрипавим колицима допузати довде. И зашто баш мене? Чинило се да ме је дуго пратио по завојитим уличицама града и да је преосталу снагу сачувао за тај силовити ударац штапом, да је вребао погодну прилику за неку освету из давнина. Али шта сам ја могао учинити лоше том живом лешу?

Догађаји су кренули у чудном смеру и задобили убрзање које баш нисам успевао да разумем, читаво место ми је личило на насеобину непознате секте чији се вођа још увек није показивао. Нешто их је спајало, предосећао сам да то није љубав, али сам се надао да није ни слепа мржња. Моје је срце чисто, мисли такође, чему онда то мучно осећање да је мој повратак пореметио, боље рећи, подстакао низ догађаја који су водили ка нечему злом. Био сам дечак кад сам напустио све ово, да ли је могуће да сам се и након толико година вратио као дечак а да су они научили нешто што ја нисам могао знати, неки страшан наук? У мени је расла зебња, истину говорећи, не само она, већ и страх од непознатог, од неког зла чији се узрок не може објаснити. Љубав и мржња су тако природне ако имају разлог и објекат. Али мрзети ради мржње саме... Ако се у нечему нисам сналазио, онда је то била немотивисана мржња, она исконска, којој се не зна узрок ни смисао. Ни у младићким тучама нисам знао „дотући" противника, тачније, нисам желео, сматрао сам да је довољно да добије мало батина за велику погрешку. Нисам желео да убијем да бих победио, томе ме нису учили чак ни на брежуљку међу баракама, ваљда најсуровијем месту за одрастање. Помало сам био бесан на себе зато што сам заборавио оне валове мржње којом су нас дочекивали, нас, дечаке из барака на брежуљку. Љубав је крхка, зато је вредна и ретка, само мржња не умире лако, и ње има у изобиљу; пре или касније налетиш на тај зид. Она се примири, наизглед ишчезне, али је увек ту да попут вулкана избљује своју потиснуту снагу.

Нећу тражити милост, али је нећу ни дати, проклињао сам држећи се за болно место.

„У твоју ординацију не може се ући преко реда", покушавао сам да се нашалим док ми је Сека прегледала отечену шкољку ува.

„Ово уопште није наивно, мислим да је пукла бубна опна. То је за специјалисту, написаћу упут. Немој да се плашиш, многи не знају да се бубна опна регенерише."

„Искрено, како је кренуло, бојим се и за остале органе. Чудим се да ме не питаш откуда ова повреда?"

„Зато јер знам, ово ти је успомена на мог деку. Да, да, немој ме гледати тим разрогаченим очима, још је жив. Једва, али жив. Пре много година моја га је бака пронашла у дворишту, шлогираног и полумртвог. Већ смо га отписали, али се стари горштак није дао и некако је промрдао десном страном док му је лева остала одузета. Питали смо се откуда он у ноћи у дворишту, крај голубарника, све док нисмо угледали јадне птице заврнутих вратова. Неко је старцу уништио последњу животну радост, његове високолетаче с којима је освајао прва места на такмичењима голубара. Погодила га је кап када је угледао уморене недужне голубове. Притрчали смо док је још био при свести, зачуло се кркљање налик речима `бараке`, `битанге` или нешто слично. Нисам то одмах повезала с тобом јер нисам могла веровати да си спреман на тако нешто, али сам претпостављала да је неко из твог друштва, неко од дечака из барака с брежуљка. Знала сам засигурно да то није могао бити Урош, а нисам желела да будеш ти. Све сам сачувала у себи, а тајна је попут ткања, ако ухватиш праву нит, распара се труд уложен у чување. То си, дакле, ипак био ти, ти си га послао у инвалидска колица."

У њеном гласу није било мржње, али је прекор лебдео поврх речи дајући им опору горчину потврђене сумње.

„Да, то сам био ја, неко ко није био достојан ни да допрати са станице његову драгоцену унуку, ја сам сломио вратове његовим голубовима и посматрао га док се криви у грчу узалуд покушавајући да ми се приближи. То је била освета. Тако слатка да ме и даље греје њена свежина. Стари је, значи, желео да ми врати мило за драго. Добар покушај, али је о томе требало да мисли много раније, неко је морао да га приземљи, заједно с његовим јатом, случајно сам то био ја. Сад ме можеш мрзети слободно, ја сам твог деду сместио у колица!"

„Не, мени је жао јер си на погрешан начин бранио понос и показивао љубав. Урош то никад не би учинио."

„Урош никад ништа не би учинио. И доста ми је тих сени мртвих, нарочито данас, била си у праву за тета Зорку, она је или луда или на путу да то ускоро постане, није требало да идем тамо."

„Није требало да долазиш овамо."

„Нико ме неће отерати из родног места, не знам шта се у међувремену десило, али ме нећете отерати тако лако. Рођен сам овде и желим да умрем овде. Наравно, не тако скоро као што би неки желели!"

„Ја ти нисам непријатељ, у то једино можеш бити сигуран."

„Велика утеха, ја сам мислио да ћеш ми бити близак пријатељ, не због прошлих, већ због будућих времена. С Кјаром, мојом женом у Италији, ништа ме не везује, осим парчета папира који се, уз високу новчану цену, лако може поништити. Био сам спреман на то."

„Немој тако лако одбацивати жену, ко зна да ли ћеш наћи бољу. Када је пристала да пође за тебе, сигурно је претпостављала шта је чека. Жене не знају са сигурношћу, али непогрешиво наслуте."

„Докторко, мени треба упут, а не моралне придике, испиши тај папирић па да идем."

„Немој се жестити, не осуђујем те због деде, знам да није био најбољи човек, али је и твоја казна била престрога. Свеједно, требало би да се састанемо још једном пре него што кренеш. Ти одлазиш, зар не?"

„Не тако скоро, докторко. Ово је и мој град, нећете ме тако лако отерати, шта ако сам дошао да никада више не одем? Овде сам рођен, имам пасош и држављанство још увек, то ми даје сва права као и другима. А ако то некоме не одговара, чуваћу се боље него досад."

„Нема потребе за том горчином, ја ти нисам непријатељ, буди сигуран у то."

„Да ли то значи да неко други јесте?"

Сека заћута, а док сам је посматрао, најзад приметих да више није она девојчица због које сам се будио ноћу у свом металном кревету у убогим баракама. Била је странкиња, потпуно непозната жена са својим мислима, навикама, својим животом који није имао тачку пресека с мојим. Ја сам јој, изгледа, био сметња. Био сам бесан на себе, на своју наивност.

Како сам могао веровати да је толико времена прошло а да је она остала иста као када смо били деца. У међувремену сви су одрасли, само ја нисам желео то, остао сам онај сетни дечарац с брежуљка који је скривао осећања иза маске локалног мангупа.

„Слушај, морамо се видети још једном, послаћу ти поруку. Следећи!"

Скретање погледа надоле ка следећем здравственом картону и то прозивање увежбаним службеним гласом теже ми паде него да сам добио пљуску и по другом уву. Тако би се дуго чекана правда пензионисаног и заборављеног судије сручила на мене свом силином породичне хармоније. Спора али достижна, и болна.

Сваки почетак је тежак, колико сам само пута чуо ту фразу и колико се пута уверио у њену исправност. Мој повратак је наликовао некој врсти поновног рођења, доказивања, борбе на право да постојим у свету у коме су сваки део мог прошлог живота заузели непознати, страни људи. Други долазак; за већину људи био сам нестао, избрисан, заборављен. Нису ме имали пред очима; мој живот, радости, патње за њих нису постојали, зато је кренуло тако тешко. Равнотежа? О каквој равнотежи Сека говори, потребно је само мало времена да се навикнемо једни на друге, као када обујете драгу ципелу заборављену у орману а она вас у почетку мало жуља, а онда савршено удобно пристаје стопалима. Не желим да будем странац; ако су ме они заборавили, ја њих нисам, нисам имао права на то. Да сам то учинио, заборавио бих најбољи део свога живота.

Уво ме је болело, а од Секе нисам добио никакав рецепт за лек, чак ни упут који је обећала. Свратио сам у апотеку и купио паковање аналгетика, на чесми сам прогутао два и, пре него што су беле таблете постале горка каша у желуцу, већ ми се учини да бол јењава.

Чудно, хоризонт се затварао, моји кораци некако су газили по све ужим кружницама и неодређена али јака сила гурала ме је у средину круга. Том спутавању слободе и узмицању подлегао сам борећи се осмехом и спремношћу на праштање. Други се нимало нису обазирали на то, падао сам у дубину прошлих дана налик храбром падобранцу док се стрмоглављује у шарени понор, нисам до задњег часа могао бити сигуран да ће се и мој падобран расцветати у печурку спаса.

Дан када сам у очима улице постао мушкарац већ је узмицао пред млаком копреном ноћи. Седели смо на углу и пљуцкали очекујућу вечеру, босим ногама шарали по прашини необичне геометријске фигуре и предавали се оној редовној сети која обузме сваког дечака с брежуљка у вечерњим часовима кад узмиче врелина пред тамом што нечујно належе на наша рамена, без тежине, без звука. Желудац ми се увијао тражећи било какву храну, отуда моја равнодушност на лицу није ни могла бити искрена: моје су мисли биле окренуте скромној вечери која ме је за пола сата чекала у бараци.

Причали смо нешто неповезано, углавном измишљали и претеривали, неко је реферисао о свему што смо чинили тог дана трудећи се да не изостави ни најмању, најневажнију ситницу. У свету сиромаха ситнице имају повлашћено место; збир многих ситница може сачињавати прави живот. Доле, на крају улице, спазисмо Мошу Капедомца, локалног силеџију којим су мајке плашиле децу. Његове ноге биле су размакнуте у слово `о` а труп несразмерно висок у односу на њих. Руке су му такође биле претерано дуге, досезале су до колена. Гегао се и шепурио у ходу, био је неку годину старији од нас али је већ два пута био у КПД-у у Крушевцу и сви су га се бојали.

На мишицама је истетовирао фигуре голих жена, имена девојака, змије, ножеве и још понешто што није било могуће одгонетнути. Углавном, на плажи је поносно показивао бројне тетоваже по читавом торзу и рукама. Тетовирао га је неки пајташ из затвора, без много смисла за цртање и анатомију, али је Моша свеједно био поносан на то разливено, примитивним иглама убризгано мастило под кожу. Он је на неки посебан начин црпео део своје харизме из тих робијашких мазарија; давале су му сигурност, а другима уливале страх.

Много касније, у мом дуготрајном избивању, Моша ми се причињавао као неко кога је непозната сила, у дубини његовог бића, поделила на два дела. Углавном је севао очима и мрштио се на читав свет. Било је свима чудно да је Моша, насилник и мргуд, постајао пријатан млад човек једино кад се добро напије; онда би се некако разнежио, често и заплакао. Свима је опраштао увреде, молећи да му други опросте. Просто је био невероватан тај преображај, његове сиве очи постајале су меке и сузне, тражио је пријатеље и друштво да поделе с њим неку притајену тугу. У почетку му нико није веровао, али су касније схватили да он стварно постаје добрица једино док је пијан, па су му прилазили, седали с њим и тешили га колико су умели. Сутрадан би већ ударао чврге тим истим момцима и псовао их, вриштећи гласом да ће им се крви напити. У нашем месту убрзо се привикнусмо и на овог чудака у мноштву других.

Док смо га гледали како се приближава нашој групи на ћошку, свако је нагађао да ли је трезан или, дај боже, пијан.

„Шта гледате, балавци!", вриснуо је изненада. „У строј, поређајте се по висини!" Имао је неки наопаки обичај да нас поређа по висини и онда да сваком опали шамар, почевши од најнижег. Ми бисмо, као хипнотисани, устајали с места и полако се сврставали у ред очекујући батине. Не умем да објасним зашто смо то чинили, био је наше висине, тек мало старији, можда не много јачи од нас. Можда је узрок било његово несиметрично лице са спљоштеним носем који је још имао девијацију и понекад је изгледало да то није нос човека већ њушка какве дивље животиње. Није имао обрве тако да су сиве очи још лакше исијавале наталожену мржњу и бес на првог ко му се учини погодном жртвом. Нас, младиће с брежуљка посебно је често и сурово кињио. Чинио је то јер није био један од нас, синова рудара из колоније на брежуљку, али је и сам био сиромашан као црквени миш. Ваљда се сматрао бар за један степен бољи.

Видело се да ужива шетајући испред и иза нас док смо очекивали шамаре; на лицу му се оцртала гримаса која је требало да буде осмех. Хранио се нашим страхом, дрхтањем. Ожиљак преко деформисаног носа из неког давнашњег сукоба постајао је модар од навале крви, наслађивао се тиме што може да одлучи када ће почети с кажњавањем. Срле, најмањи од нас, тресао се попут прута ишчекујући ударац оловне Мошине шаке.

Пљас, одјекнуло је јасно у тишини након престанка бујице страшних псовки које је поделио нашој ближој и даљој фамилији. Али овога пута, Моша је желео да унесе неке новине у већ досадан ритуал: почео је од Радише, високог, мршавог дугајлије. Овај, што од саме силине ударца, што од изненађења, паде у прашину држећи се за образ на коме се јасно оцртало свих пет квргавих прстију. Моша се смејуљио усхићен својом досетком.

„Устани магарче, толики клипан а плаче. Устани, девојчице", урлао је поред мојих ушију. О таквим одлукама се не размишља, оне се донесу негде далеко од разума и логике. У тренутку када се спремао да и мени усија образ, ухватио сам га десницом и стегао као клештима. Моша се збуни, поче да сикће и псује али сам му ја већ закренуо руку и мало је недостајало да је поломим док је падао на колена заслепљен болом. Гурао сам му главу према тлу све док му ружно лице нисам зарио у прашину. Клекнуо сам преко његових леђа и добацио осталима да беже; он се гушио без снаге да узврати, само је мумлао док му је прашина улазила у нос и уста.

„Слушај ме, сада ти нећу сломити руку, али ако још једном покушаш да удариш било кога од нас, сломићу ти обе. И тај ружни нос, такође! Је л`јасно, да чујем!" Он се копрцао, али са сваким његовим покретом, ја сам појачавао стисак. На крају је промрмљао нешто што сам разумео као „добро".

„Упамтићеш ти мене, мали!", вриштао је бришући прашину с лица и удаљавајући се попут пса с подвијеним репом. „Ишчупаћу ти срце, срце!", понављао је по навици раније претње док се гегао низ улицу. Иако је онај страшни израз био још увек на

Мошином лицу, по његовим очима сам схватио да је готов, оне увек прве издају. У њима сам препознао страх слабије, поражене животиње.

Нешто сам тада сломио у њему, постао је бледа сенка некадашњег насилника; окретао је главу од нас као да нас не види. Иживљавао се још неко време на млађим дечацима, скоро деци, а онда се изгубио из улице у којој смо се окупљали; недуго затим изгубио се и из наших живота. Сломио сам пса и био сам поносан на то, био сам скоро охол. Ушао сам у свет тврдих момака, иза леђа су говорили за мном: „Како не знаш, он је отерао Мошу Капедомца."

Тада сам научио прву лекцију у суровом свету одраслих: или се бојиш или те се боје; или си вук или мешанац! Ако се не искезиш, бићеш поједен. Груба логика, али је мени одговарала, давала ми је слободу коју раније нисам имао. Но, за њу сам се сам изборио.

Град ми се одједном учини тако мали, сићушан и пуст, светла у ноћи нису више засењивала поглед, девојке нису више биле онако лепе, помислио сам да сам коначно прерастао град у коме сам рођен. Није ми више био довољан. То је значило да је време за одлазак; недуго након тога, после регрутације, прешао сам границу близу Сежане с неким Македонцима и Босанцима и сви заједно завршисмо у кампу за азиланте на периферији Трста. Кроз прозор спаваонице, док су други спавали, посматрао сам блистава светла мистичних улица под собом. Овога пута сам знао како треба ушетати кроз главну капију града, то сам и учинио после шест месеци глуварења у кампу. Одрекао сам се своје земље а да нисам трепнуо. Без мржње, без љубави.

Лето ће се скоро окончати, није ми био потребан календар да бих то знао; у дну трбуха, као док сам био један од босоногих дечака с брежуљка, грчило се нешто и мукло ме стезало. Већ дуго нисам излазио из хотела, нигде више нисам имао поћи, нико ме није позивао. Научио сам напамет не баш маштовити мени у ресторану, схватио да морам избегавати црну, мутну течност коју су наливали у шољу и називали кафом. Кифле ујутру нису биле лоше. Биле су, у ствари, одличне. Свакога јутра, док умачем врх пецива у топло млеко и гризем му врх, телом прострује успомене на ретке прилике у детињству кад нам је мама доносила кифле из пекаре. Рођендани и државни празници, срећни, сити дани наших младих година!

Мисли саме одлуташе у доба прославе Првог маја, велике паганске светковине, како је инжењер Блан озбиљним гласом називао тај велики празник на брежуљку. Очеви би нам направили бакље у које би улили мало нафте, испред школе сви смо запалили ватре и кренули у кружење градом. Наша су лица добијала чудне контуре у пропламсају тих буктиња, мењала су се и исијавала тамни сјај. Игра сенки нашим је лицима давала ону озбиљност какву заслужује празник којим се слави рад човека. Отац је тог дана облачио свечано, једино пристојно одело које је имао и ходао поносно уздигнуте главе, са значком у реверу и црвеном краватом. На околним брежуљцима гореле су големе ватре чији се пламен уздизао високо у ноћ. Ти кресови и пламен наших бакљи стапали су се у славу тог радничког празника; ти дани били су срећнији од других. Добро смо се хранили, школа се ближила крају, а лето се већ могло намирисати, било је већ ту иза угла времена.

Приметио сам да су ми мисли и погледи окренути унатраг, ка магловитим пределима детињства и младости; хоризонт се сужавао, живот је јурио ка нечему што је наликовало левку. Шта ме чека на крају тог пута чији се крај сад већ може наслутити, скоро намирисати, као оштар мирис јесени у још благој летњој ноћи или мирис нежног сапуна на окупаној кожи девојке када прође поред а ти се не усуђујеш да је погледаш очима пуним дивљења? Иако тело још не жели да призна ту пресуду, иако је оно још чврсто и жилаво, у дубини мишићи постају тромији а кости крхкије, нешто потреса темеље док се фасада држи гордо.

Око двадесет другог августа добио сам једну неочекивану поруку, баш у време када сам се двоумио докле ћу продужавати свој повратак. Крупна, угласта слова обавештавала су ме да Сека жели да се састанемо у малом парку иза игралишта, недалеко од железничке станице. Изненадио ме је, али и обрадовао тај неочекивани позив; моја осећања полако су почела да одумиру, а сад су изнова стала да бујају, или је то била само стара добра сујета. Осећао сам се попут болесника коме су погрешили дијагнозу па је сада у себи палио пламен нове наде.

Требало је да се састанемо у петак, после завршетка њене смене у амбуланти. Против моје воље нешто је изнова титрало и светлуцало у мени; враћао сам се у дане првих састанака кад се уста суше од треме и када хиљаду пута пребирате у глави како ћете започети разговор. Да ли је ово онај дар који има тим већи значај јер је неочекиван? А шта ако предложи да останем и да живимо заједно, како да то саопштим Кјари? До врага с њом, неће се она превише узбудити, одавно је покидано све између нас двоје, ако је некада и било ичега, осим физичког допадања и почетне страсти.

Послао сам одело на хемијско чишћење, купио снежнобелу кошуљу и дао да ми улаште ципеле; док је све то лежало преко кревета, чисто и испеглано, ја сам лежао у кади пуној воде и уживао у тренуцима мира. Увек када бих помислио да треба стати и добро промислити о нечему, пунио сам каду топлом водом и зарањао тело у њу, то је увек помагало. Кјари је и то сметало, ваљда зато што је то било једно од последњих задовољстава које ми није успела покварити.

Уронио сам у миришљаву пену држећи у једној руци чашу вина, а у другој цигарету чији ми је укус увек изнова пријао. Топла вода се преливала преко мојих удова и извлачила сав онај умор и немир који су ме обузимали у последње време. Лежао сам дуго уживајући у тој атмосфери испуњеној влажним испарењима и дискретним мирисима растопљене миришљаве соли; скоро да сам дремао у неким моментима. Зачудо, нисам мислио на Секу и наше виђење иако је она несумњиво била заслужна за то што ми се вратило добро расположење. Некако сам увек веровао, још од детињства, да је имам у шаци, да ми не може побећи, да нема куд да крене, осим ка мени. Познавао сам њен дух боље од ње, није било мушкарца у граду који би је неком својом особином могао освојити. Биће добро, опростићу јој њено чудно понашање, а онда, ко зна...

Устао сам и кренуо ка великом огледалу док ми се низ тело сливала вода; у одразу ме је дочекао крупан мушкарац у чијим је очима блистало нешто налик сјајном блеску звезде пред гашењем. Горео сам изнутра, а на кожи тела и лица био хладнији него икада раније, нешто се у мени изнова запалило, али нисам желео да сагорим у новој ватри. Не још једном.

Уживао сам попут неког жигола док сам навлачио мекани памук на чисту кожу и стављао ланчић с распећем на груди раскопчавајући кошуљу да се види сјај злата. Одело је поново било пристојно и елегантно, а ципеле су сијале баш колико треба. На глатко избријану кожу напрскао сам мирис с укусом воћа и нечег горког, али омамљујућег, косу сам натопио уљем па је била чврсто прилепљена уз теме, сјајна и црна као гавраново крило. Поново сам био осамнаестогодишњи момчић који погледава на сат и нервозно се шетка горе-доле; када је дошло време, улица је била исувише кратка за силину мојих корака. Сео сам на клупу и посматрао смирај сунчаног дана, ваздух је прошарала свежина надолазећег сумрака; његов огртач најлепше пријања на тела љубавника.

Прошло је пет, десет минута, а Сека се није појављивала. После пола сата нисам налазио оправдања за кашњење јер су сви знали за њену тежњу ка перфекцији. Да ли је можда дошао неко с веома болесним дететом? Али, пре би кренуо у Хитну помоћ, није могао рачунати на то да ће након седам сати затећи докторку у амбуланти. Ево, већ је пола девет, влажни мрак належе на моја рамена и мало, сасвим мало, их повија. Ово нимало није личило на Секу! Али, шта је у месту уопште више личило на доба које памтим, шта све овде нисам чуо и видео што није личило ни на шта што сам очекивао.

У парку се светиљке нису упалиле па се свуд уоколо простирала непрозирна тама, могао сам видети једино белину својих руку док се нервозно тару једна о другу. Да није вредело чекати, одавно је било јасно, али је мене нешто приковало за ту пусту клупу у парку. Нешто ће се десити вечерас.

Док сам већ цупкао у летњем оделу, две сенке нечујно прелетеше с једног краја парка на други, није се чуло ништа, ни бат корака ни шуштање траве. Овако се крећу утваре, помислио сам. Сигурно су тајни љубавници или неко с још мрачнијим пороком; морао сам закопчати кошуљу до врха па крст више није блистао у тами. Навукао самревере и издалека сигурно наликовао каквом пијанцу без пића или путнику без смештаја. Могао сам бити и једно и друго, само љубавник више нисам могао бити, помислих с дубоким стидом. Не знам зашто Сека ово чини, можда сам рекао неку реч која је све изменила, уништила веру и надање у нашу љубав. Али шта, шта сам то казао? Када сам изгубио сваку наду, она ме је позвала да се сретнемо у сумрак.

Опет ми се учини да неколико сенки склизну у сумрачно поље малог парка, под његово густо растиње. И даље сам био непомичан на тој клупи у самоме центру, на ободу круга од шљунка што је уоквиривао одавно пресахлу фонтану. Сени су пристизале у све већем броју и заузимале позицију око обода паркића; није се могао чути никакав људски глас, до мене је само допирало неко језиво кежење и мрмљање. Није ми било јасно о каквој несланој шали се ради, те авети као да су поступале по заједничкој команди неког изопаченог ума; полако су формирале обруч око мене.

„Еј, ко је тамо?", викнуо сам најслободнијим гласом који је био могућ у тој напола смешној, напола језивој ситуацији. Ништа. Тама је остала нема.

Полако стадох да се прибирем. Друже, овде ти се не пише добро. Ма ко да су ови мутавци око тебе, не смеш остати ту да те ухвате као живину за клање. Па да видимо колико је још снаге остало у тим ногама, да видимо колико си брз, грозничаво сам шаптао својој умртвљеној вољи. Тог часа сам скочио и полетео као тане у мрак, тамо где није било оних притуљених сенки, право према жмиркавом и удаљеном светлу железничке станице.

Сподобе као да је изненадила моја ненадана одлучност, тек, након неколико секунди дадоше се у потеру, али је мојим још хитрим ногама и то било довољно. Чуо сам, или ми се причињавало да чујем, нељудско кежење и сиктање гомиле иза себе. Нисам се окретао и нисам могао видети колико је мојих прогонитеља, нешто ми је говорило да то не би било паметно. Задихан, стигох на пусту станицу и загледах се у јадну сијалицу која је, тако ми се учини, остала запрљана још из времена док смо седели и глуварили читаву ноћ под њеним оскудним светлом. Њена светлост била је исувише слабашна да би ме заштитила од циновске таме која је надирала нечујно за мном; морао сам даље.

Покушавао сам да трчим по прузи, али су прагови били незгодни за трчање: били су постављени исувише близу један другог да би се могло брзо трчати, а неподесни да се по ноћи скаче на сваки други. Скренуо сам с колосека и почео да се пењем навише према брежуљку са срушеним баракама где је некада био мој дом. Попео сам се изнурен, а нисам нимало измакао гомили која је и даље тихо навирала иза мојих леђа пратећи сваку моју стопу. Снага потере је у томе што се сила прогонитеља стапа у компактну моћ којој прогоњени, ма колико снажан и брз био, не може побећи. Приближавали су се, нељудски звуци људи без говора постајали су гласнији. Стадох поред темеља наше срушене бараке да још једном, можда последњи пут, пређем погледом по простору где сам провео најважнији део свог живота. Место где је био кревет, угажена земља где су биле бараке, па чак и хумка јаловине што се још надносила над непостојећим насељем, све ми се умах учини добро, благо, сигурно попут мајчиног крила.

Помислих, мада се потера приближавала и мада је време истицало, да су најлепши градови, цркве и куће исти као и напрсле бараке без воде и тоалета, да је све исто, овде и тамо, све потпуно исто. Љубав и мржња, срећа и жалост, злоба, завист, све измешано пажљиво у суптилном и нама непознатом омеру, свима је нешто дато да би се могло узети. Исто је: горе небо, доле земља, љубави, мржње, тек неколико основних порива које свако држи као мало воде на длану у пустињи и назива животом. Он је свуда и у свему исти, блистав и јадан, и у свили и међу бувама; љубав принцезе и љубав праље наликују једна другој као две сузе исплакане на два различита места која се зову дом.

Јурио сам укруг, ухвати ме паника, читав живот ништа друго нисам чинио; утваре су ме сабиле у подножје хумке од згуснуте шљаке, ту на прагу моје нестале куће. Излаз је био затворен.

Нисам више трчао, пошао сам полако уз стрму страну јаловине према њеном врху. Горе је ветар био јачи, ваздух прочишћенији и рескији, у даљини се једва назирао чика Етјенов гвоздени крст забоден у ткиво тла из кога се никад ништа неће родити. Веома зарђао, али још усправан и величанствен у том крају где се предуго пузило да би нешто било саграђено да усправно стоји дуже од просечног, јадног људског живота.

Клекнух и помиловах подножје старог симбола; порезао сам руку и крв је полако текла низ подлактицу, црна и лепљива. Откуцаји су се примирили, рана није болела, а нељудски звуци су утихнули.

Окренуо сам се и, пренеражен, угледао мноштво у подножју узвишења, прилике су стајале немо у толиком броју да се сав најежих. Црне, неме маске. Шта хоће од мене, нисам имао снаге да упитам, изгледало је да желе своју освету за неки грех кога нисам био свестан. Мој грех, мој грех, који је мој грех? Да, опростио сам и чекао опроштење за нешто што се не може опростити, за нешто што су они доле сматрали неопростивим. Ћутала је легија нема.

И таман када сам помислио да се поново окренем крсту, једна фигура унутар црнила масе издвоји се и поче да издаје наређења. Неми су се послушно преображавали у разне облике који су наликовали војничким постројењима у облику полукругова пажљиво распоређених у подножју хумке. Фигура те жене, а знао сам да је реч о жени, јер јој се дуга плава коса вијорила попут истакнуте заставе непознатог завојевача, била ми је позната или ми се тако учинило. У њој сам препознавао нешто од оне чија ме је љубав дозвала назад. Али то сигурно није она, ово треба заборавити, то морам заборавити. Окренућу се крсту и клекнућу.

Нека невидљива сила држала је нечастива створења на одстојању од јаловине. Као да јаловина може бити освећена земља!

Решио сам да се предам, пажљиво сам легао трудећи се да у потпуности опколим дно крста својим телом. Уз велику бол и напор, на крају сам успео у томе да ми лице додирне врхове колена, кичма се истезала до пуцања, али је положај на крају био добар. Осећао сам да сам смирен, сигуран, да могу бити спасен. Стезао сам хладну површину зарђалог стуба љубећи га рањавим уснама и изговарајући речи које до тада нисам никада превалио преко усана. Оне се не могу поновити, знање се открива милошћу; не може се предати другоме. Крст ме је учио и штитио, почех да верујем у то док сам се намештао у тај положај који се учини моме телу однекуд добро познат.

Протекло је време, ја сам лежао склупчан горе, они су чекали доле распоређени у својим фалангама чекајући да плен изгуби веру и снагу и да сам упадне у уста звери. Није било дана, ноћи, све је затурило свој земаљски смисао.

А онда сам био слеп. Нисам видео ништа, све је ишчезло у непрозирној тами, лица мојих родитеља, браће, Кјаре, Уроша, Секе, сви су потонули у понор времена. И потом, изнад одраза њиховог негдашњег постојања, стадоше се уздизати два лика, један инжењера Етјена Блана, а други тета Зорке. Инжењер се стално осмехивао старачким осмехом који му је исушену кожу лица брчкао у непрегледни низ набора, а опет, испод тих гримаса старца јасно се видео чист осмех детета. Насупрот њему стајала је гојазна фигура трафиканткиње и упирала поглед уских, злих очију налик каквој животињици нетом изашлој из влажне земље која се жмиркањем привикава на светло дана. Одећа јој је била неуредна, масна, а бројни отужни мириси којима је била натопљена стапали су се у један тешко одредљив али непријатан воњ.

Нису се борили, он је наликовао орлу који је начас свратио до низине, а она је подсећала на пожудну кују док га је њушкала са свих страна. Узалуд је стари човек покушавао да се уклони од тог непристојног њушења, она није одустајала, при том он није скидао осмех детета са старачког лица.

Долазиле су жене, доносиле воду, јабуке, хлеб и вино. Доводиле децу. Померао сам руку у таму и дотицао чела малих створења, затим сасушену кожу старица испод увезаних марама. Захваљивали су и остављали храну око мене, брисали ми руке и ноге неком свежом водом у којој се осећао лимун. Једног дана пала је ледена киша, с бодљама које су нишаниле у срце, лето је умрло.

Не могу да гледам, да се наслађујем лепотама света, не могу више ништа да научим. У мраку који су ми даривали, нечија блага рука ме прихвата и води по местима која сам се зарекао да ћу посетити. Ништа не умем рећи о свом водичу, њему су, изгледа, одузели моћ говора или он мисли да се више нема шта рећи под овим гневним црним сунцем чији ме бичеви пеку по кожи, а ниједан траг им не могу ухватити у зеницама.

Негде сам чуо колико је представа о томе да слепи не могу видети детиње погрешна; слепцима титра пред очима диван спектар боја! Преливање једне боје у другу и преламање чврстих облика чине свет лепшим него што он стварно може бити. Мени није дата ова милост, отргли су боје из очних живаца, из сећања, спустили ме у гробницу најцрње таме. Гору казну нису могли измислити: увек сам се надао да ћу сагорети близу Сунца. Лежао сам тако савијен, склупчан, налик псу пребијене кичме, у телу које више није могло бити у додиру са спољњим светом, сањао.

Утваре око хумке јаловине могле су посматрати како се, изненада, појављује рој свитаца и почиње да кружи око охлађеног чела; мали светионици у овој потпуној тами су се наизменично палили и гасили у покушају да донесу светлост мојим угашеним очима. Нисам их могао видети јасно, али сам осећао њихову благу топлоту као пецкање лета по образима у детињству. Њихова светлећа телашца, опраштајући се од мене, исплела су венац око моје главе. Однекуд се гласно зачуше речи: „Живео си тако, изнад живота, испод смрти!"

Небојша Лазић
ОПРАШТАЊЕ

Уредник:
Драган Миленковић

Графички уредник:
Милица Протић

Лектура и коректура:
Сандра Шаре

Издавач:
ИП „Просвета" а.д. у реструктурирању
Београд, Кнеза Михаила 12

За издавача:
Драган Миленковић
генерални директор

Штампа:
Графичар - Ужице

Тираж:
300

ISBN 978-86-07-02065-2

CIP - Каталогизација у публикацији
Народна библиотека Србије, Београд

821.163.41-31

ЛАЗИЋ, Небојша-, 1966-
Опраштање / Небојша Лазић. - Београд :
Просвета, 2014 (Ужице : Графичар). - 252 стр.
; 20 cm

Тираж 300.

ISBN 978-86-07-02065-2

COBISS.SR-ID 208224780

www.ingramcontent.com/pod-product-compliance
Lightning Source LLC
Chambersburg PA
CBHW062156080426
42734CB00010B/1717